놀이를 통한
푸드표현 예술치료

박근자 지음

| 여는 글 |

새 교육 패러다임, 푸드표현예술치료

푸드는 음식이란 뜻으로 사람이 먹고 마시는 것을 모두 가리키는 식생활 용어입니다. 굳이 음식이란 우리말을 두고 푸드라는 용어를 쓰는 것은 세계화를 도모하고 있는 국제적 학문 공용어라고 보려는 학자들로 인한 것이라 이해하고 거부감이 없기를 바랍니다.

푸드표현예술치료!

새로운 교육이론의 한 패러다임이 아닐까요? 이 이론은 인간의 행복한 삶을 추구하는 데 큰 영향을 주는 것으로서 독특한 예술 분야로 개척하려는 움직임이 세계 곳곳에서 일어나고 있습니다.

이 학설을 확장하여 유아교육에도 적용하면 무리가 없을까 나름대로 조사하고, 연구한 결과 푸드(음식)는 인간의 기본적인 의식주 생활과 가장 밀접한 관계를 가졌기에 조기교육으로도 필요한 분야이며 즐겁게 수업을 할 수 있겠다는 필요성에 푸드표현예술치료를 유아교육에 투입하였습니다.

 피아제의 인지발달 이론단계에서 유아들의 행동적 특징을 살펴보면 대체로 전조작기인 단계에 있습니다. 즉 이 시기는 정신적 표상에 의한 사고가 가능하나 아직 개념적 조직능력이 충분히 발달하지 못한 발달의 불완전한 단계이고, 사고가 비체계적이며 비논리적입니다. 이때 언어발달은 현저해지지만, 지극히 주관적이며 자기중심적이며 부모와 동물의 행동을 모방하여 상징놀이를 즐겨하는 특징이 있습니다.

 이러한 이론을 바탕으로 유아들의 행동을 구체적으로 살펴보면 세상을 만나 경이로움, 즐거움, 기쁨, 성취감, 실패, 좌절 등을 느낍니다. 또한, 놀이를 통하여 몸과 마음을 마음껏 움직여 건강하게 성장해 가는 동시에 감각을 이용하여 안전하게 보호하는 힘도 기릅니다.
 따라서 지식을 얻는 것도 보고, 듣고, 냄새 맡고, 맛보고, 만지는 오감을 통해 온몸의 감각으로 알아내며 쌓고, 돌리고, 부수고, 덧붙이며 무언가를 만들고 주변의 물체와 물질을 변화시키고자 하는 욕구가 있음을 발견할 수 있습니다. 이를 체계적인 제도 안의 교육으로 바르게 경험시킬 필요가 있지 않을까요?

이러한 일련의 성장에서 음식은 우리 사람들에게 가장 가까운 문제이며 또한 가장 즐거운 일입니다. 일선 교사들은 물론 유아들에게도 수업에 적용하면, 즐거운 놀이가 되어 환영받을 거라 믿습니다. 분명 새로운 교육 방법의 하나로 자리매김할 것입니다.

푸드표현예술치료를 위하여!

자! 우리 모두 식도락가가 되어 즐겁고 맛 좋은 음식 세계로 들어가 봅시다. 우리나라 각 지방에 가보는 건 물론 세계 곳곳에도 여행하는가 하면, 옛날로 거슬러 올라가 궁중에도 들어가 보고, 미래로 탐험도 해 보며 비교하고 장단점을 살펴보고 표현하여 유아들의 심성을 치료해 가는 학문의 세계!

각각 고유의 모습과 색깔과 성격을 지닌 곡식과 과일, 채소, 물고기와 가축 혹은 야생동물에다가 각종 조미료와 솜씨가 만나면 어떤 맛의 푸드가 탄생될 것인지 기대하며 참여해 볼 일입니다.

필자는 시행착오 속에서 여러 앞선 연구 자료를 검토하며 의견들을 수렴하고, 튼튼한 토대를 구축, 유아교육 현장 수업에 투입하려는 힘을 기울여 왔습니다. 유아들이 즐겁게 놀이에 참여하는 발전적인 모습의 과정을 기록하며 하나의 수업 과정 안이 그려졌는데 그걸 현장에 널리 보급할 가치가 있다고 판단, 용기를 내어 한 권의 책을 펴내게 되었습니다.

이 책을 내기까지 많은 분의 도움이 있었기에 이 자리를 빌려 고마움을 전하고자 합니다.

항상 조언해 주시는 푸드 예술치료 김민용 회장님, 김지유 교수님, 진심으로 감사드립니다. 또한 독서 서클 '설레임'의 이상준 회장님, 창원대학교 이수원 교수님, 여러 회원님의 도움도 컸습니다. 항상 따뜻한 격려를 주시는 창녕여중고 강창수 이사장님, 인재개발원(주) 대표 조원규 교수님, 김태두 동화작가님께도 큰 은혜를 입었습니다.

끝으로 곁에서 늘 물심양면으로 힘써 주신 저의 부군 이종복 님의 고마움도 함께 전합니다.

2021월 2월

소화 **박근자**

| 추천사 |

통합적 심리치료의 한 분야

　푸드표현예술치료가 통합적 심리치료의 한 분야로 태동한 지 10여 년이 지나간다. 많은 분들이 이 과정을 통해 자기 자신의 내면과 만나 스스로를 치유하며 건강하고 행복한 삶의 동반자로 함께하고 있다.
　또한 많은 푸드표현상담 전문가가 양성되어 마음이 아픈 이들을 맛있는 치료와 창의적이고 행복한 삶으로 안내하고 있다.

　책은 그 저자의 삶을 고스란히 담게 된다. 즉 책은 그가 살아온 시간과 경험 그리고 마음이 따라가는 것의 내용으로 채워진다. 그런 의미에서 이 책의 저자 박근자 소장님은 그녀의 삶에서 보여주고 있는 따뜻한 열정과 향기로운 사랑의 모습 그대로 아이들을 향한 지극한 마음을 이 책에 담아내고 있다.
　자라나는 새싹들은 뿌리내리고 있는 토양에 따라 성장의 모습이 다르며 성장의 결과로 꽃과 열매를 맺게 된다.

이 책에서 제시하고 있는 푸드표현예술치료는 그 새싹들에게 누구나 좋아하는 맛있는 놀이와 즐겁게 자신을 마음껏 표현해 내는 안전한 양육의 환경을 제공함으로써 온전히 자기답게 살아가는 자기실현의 뿌리를 내리게 한다. 유아나 아동의 성장과 발달에 관심이 있고 좋은 양육자로서의 역할을 하고자 하는 부모와 보육교사 그리고 교사들에게 이 책을 꼭 읽어보길 권한다.

이 책을 통해 저자의 아이들을 향한 아름다운 마음이 온 세상을 향기롭게 할 것이라 믿는다.

한국푸드표현치료협회 협회장
김민용

| 추천사 |

백락의 눈과 조기교육

박근자 님의 '푸드표현예술치료' 저서는 한국 교육계에 두 가지 큰 반향을 일으키리라 본다. 그 하나가 푸드를 교육과정에 새롭게 포함하여 전문성을 높인 것이요, 다른 하나는 과감하게 유아교육과정까지 확대하여 접근성을 쉽게 한 것이라 할 수 있다.

사람의 본성을 성선설(맹자), 성악설(순자), 백지설(존 로크)로 나누어 볼 수 있는데 어떤 설이든 교육자에겐 의미가 큰 것이다. 경험에 의하면 개개인의 특성은 다르다. 어휘력이 뛰어난 자, 수리력이 뛰어난 자, 운동신경이 뛰어난 자 등, 이를 푸드에 두고 논하여도 마찬가지다. 여기에 교육자는 백락의 눈이 필요한 것이다. 많은 망아지들 속에 천리마를 찾아내는 백락 같은 이가 전문인이다.

우리 교육자는 백락보다 더 중요하다. 백락은 단지 천리마를 찾아내는 데서 그 임무가 끝나지만, 우리 교육자는 자기가 담임한 제자 중에 땅속에 파묻힌 보석을 찾아내야 한다. 앞으로 정치가, 법률가, 과학자, 농부, 성직자, 기술자 요리사 등 그가 지닌 특성을 찾아내어 그 잠재력을 최대한 발휘할 수 있도록 가르치고, 북돋아 주어야 하는 막중한 소임을 맡고 있으니 말이다. 따라서 푸드 교육과정에 어느 정도 접근하여 있는지 현주소를 이 저자는 안내하고 있다.

두 번째 문제, 유아과정에 푸드를 포함시킨 시도한 것은 피아제 교육이론의 조기교육과 상통된다. 근래에 들어 조기교육의 중요성이 대두되고 있는데, 그 이유는 유아기 때의 교육은 개인의 능력을 크게 향상시킬 수 있기 때문이다. 이러한 사회적 환경 변화에 의해서 본 저자는 피아제가 주장한 인지발달이론은 우선 발생학적 인식론을 기초로 하고 있다는 것을 감지하고 피아제의 조기교육 이론에 따라 유아에게 푸드표현예술치료를 투입하고 그 결과를 학부모와 독자들이 이해하기 쉽게 컬러 사진판으로 구성되어 있다.

교재구성은 유아교육과정에는 관련 있는 동요를 각 단원마다 넣어 즐거운 수업의 분위기를 만들도록 배려하였고, 초등교육과정에서는 유아교육과정과 다른 특색을 보여 수준별 교육과정으로 난이도를 달리했다.
교육자에게 전문성을, 피교육자에게는 접근성에 공을 들인 그만큼 푸드에 희망을 건 이 귀한 책을 소개하며 추천한다.

동화작가
김태두

contents

여는 글	새 교육 패러다임, 푸드표현예술치료 **박근자** 저자	002
추천 글	통합적 심리치료의 한 분야 **김민용** 푸드표현치료협회 협회장	006
	백락의 눈과 조기교육 **김태두** 동화작가	008

01
푸드표현 예술치료의 개요

1. 푸드표현예술치료란? … 018
2. 푸드표현예술치료의 이해 … 021
3. 푸드표현예술치료의 치료원리 … 025
4. 푸드표현예술치료의 효과 … 027
5. 인간 중심 표현예술치료의 창조적인 연결 … 030
6. 심리치료에서의 진정한 사람 … 036

02
유아의 푸드표현예술치료와 놀이의 필요성

1. 유아의 특성　　　　　　　　　　　　　　044
2. 유아의 푸드표현예술치료의 개념　　　　　050
3. 유아에 대한 푸드표현예술치료 효과　　　　054
4. 놀이하며 배우는 유능한 유아　　　　　　　071
5. 유아의 놀이 의미　　　　　　　　　　　　074

03
아동의 푸드표현예술치료

1. 성공하는 7가지 습관 가지기　　　　　　　　　　080
2. 자기 주도적 아이 되기　　　　　　　　　　　　　085
3. 부모 - 자녀 간의 대화　　　　　　　　　　　　　090
4. 아이 스스로 자기 개성을 찾게 도와주는 성공기술　097
5. 놀이와 아동　　　　　　　　　　　　　　　　　　102

contents

04
푸드표현예술 지도와 실제(유아 편)

- 주제별 제목 및 수록동요　　　　　　　　108
- 주제별 전개 순서　　　　　　　　　　　109
- 주제별 참고 작품　　　　　　　　　　　110
- 지도 실제　　　　　　　　　　　　　　114

1. 푸드랑 우리 함께 놀자　　　　　　　　114
2. 바나나야 우리와 함께 놀자　　　　　　118
3. 뻥튀기야 웃으며 놀자　　　　　　　　122
4. '밥'아 우리와 함께 놀자　　　　　　　126
5. 깍두기 물김치랑 놀자　　　　　　　　130
6. 무말랭이와 놀자　　　　　　　　　　134
7. 장아찌야 우리와 놀자　　　　　　　　138
8. 인절미야 우리랑 놀자　　　　　　　　142
9. 양파링이랑 함께 놀아 보자　　　　　　146
10. 우리, 달걀이랑 함께 놀자　　　　　　150

11. 소금이랑 놀자	154
12. 내가 좋아하는 것 만들며 놀자	158
13. 나무야 나와 놀자	162
14. 고구마, 감자, 당근과 놀자	166
15. 채소랑 함께 놀자	170
16. 식빵이랑 함께 놀자	174
17. 꽃들아 나와 놀자	178
18. 김밥이랑 나랑 놀자	182
19. 동그란 바퀴랑 놀자	186
20. 약차야 예쁘다	190

contents

05
푸드표현예술치료 실제(아동 편)

- 주제별 요약표 　　　　　　　　　　　196
- 주제별 전개 순서 　　　　　　　　　　198
- 푸드 동화 차례 　　　　　　　　　　　199
- 주제별 참고 작품 　　　　　　　　　　200
- 지도 실제 　　　　　　　　　　　　　203

푸드야 놀자 1 | 푸드학습 코치 안내 　　　203
푸드야 놀자 2 | 자기 이해 　　　　　　　209
푸드야 놀자 3 | 자화상 　　　　　　　　215
푸드야 놀자 4 | 장점나무 만들기 　　　　223
푸드야 놀자 5 | 표현의 자유 　　　　　　231
푸드야 놀자 6 | 나의 꿈 　　　　　　　　238
푸드야 놀자 7 | 자신감 향상 　　　　　　237
푸드야 놀자 8 | 공부환경 가꾸기 　　　　253

푸드야 놀자 9	학습능력 향상	260
푸드야 놀자 10	꿈 키우기	267
푸드야 놀자 11	미래의 삶	276
푸드야 놀자 12	친구 알기	282
푸드야 놀자 13	가족의 중요성	289
푸드야 놀자 14	우리 고장	294
푸드야 놀자 15	목표 세우기	301
푸드야 놀자 16	감정 해소	306
푸드야 놀자 17	사랑의 팔찌 만들기	312
푸드야 놀자 18	스승의 고마움	318

닫는 글 알맞은 교육 환경 324
참고 작품 326
참고 문헌 334

01

푸드표현예술치료의 개요

1. 푸드표현예술치료란?
2. 푸드표현예술치료의 이해
3. 푸드표현예술치료의 치료원리
4. 푸드표현예술치료의 효과
5. 인간중심 표현예술치료의 창조적인 연결
6. 심리치료에서의 진정한 사람

푸드표현예술은 음식(food) 재료를 다듬고 자르고 꾸미고 먹으며 표현하면서 자기만족감이 높아지며 흥미로 몰입, 경험 속에서 창의성이 향상되고 놀이처럼 쉽게 표현하게 된다.

푸드표현예술치료란?

　정신건강과 상담, 심리치료의 영역에서 푸드표현예술치료는 아직까지는 비교적 새로운 영역이지만 점점 발전을 하며 다양한 분야에서 짧은 시간 동안 치료의 성과를 인정받고 있다. 푸드표현예술치료를 정의하자면 정신과 육체, 정서와 영혼을 치유하기 위해 일상생활에서 늘 사용하던 푸드재료를 매체로 오감을 자극하는 조형 활동을 하면서 내담자의 심리 정서적 건강을 돕는 표현예술치료의 한 장르이다.

　음식(food) 재료를 다듬고, 자르고, 꾸미고, 먹으며 표현하면서 자기만족감이 높아지며, 흥미로운 몰입경험 속에서 창의성이 향상되고, 놀이처럼 쉽게 표현되는 푸드표현작품을 보며 즐거움의 욕구가 충족되고 성취감이 고취되어 자신감과 행복감이 높아지고 일상생활에서 문제해결력도 창의적으로 높아진다.(김민용, 김지우, 2019)

　주재료는 푸드매체이지만 표현예술치료의 치유 기법으로 다양한 예술 양식을 통합하는 과정이라고 할 수 있으며 특히 먹으면서 표현하는 점이 미술치료 같은 일반 매체로 표현하는 치료방식의 프로그램과는 구별된다.

　푸드표현예술치료는 음식매체와 연관되는 시각예술, 창조적 글쓰기, 영화, 사진 등 다양한 예술형태를 포함하는 표현예술치료적인 프로그램으로 활용되며, 건강한 생활을 위해 일상생활 속에서 편안하게 적용될 수 있으며, 일탈을 하고 있는 정서 행동장애가 있는 사람을 치료하는 프로그램으로 사용되기도 한다. 푸드표현예술치료는 유아, 아동 등 어린이부터 노인에 이르기까지 다양한 연령층에 적용될 수 있으며, 오랜 기간을 투병하는 요양환자, 호스피스, 암환자, 노숙자 서비스 등 정신 신체 건강 프로그램, 전문직 교육기관 등 다양한 직업에서 활용가치가 크다고 생각된다.

　심리학자, 상담자, 교사, 리더십 강사, 심리코칭전문가 등 건강관련 종사자 그 누구나 다른 사람을 돕고자 하는 모든 사람들을 포함하여 갈등해결 영역에서 일하는 사람은 누구라도 인간중심접근법과 푸드표현예술치료를 활용하여 도움을 얻을 수도 줄 수도 있다. 주변에서 일어나는 크고 작은 갈등해결을 위해 인간 중심적인 푸드표현예술적 접근법을 경험함으로써 사람들은 일상생활 속에서 음식을 먹고 만지며 자신의 감정을 안전하게 표현하고 갈등의 뿌리가 무엇인지 알아차리며, 보다 효과적으로 타인과 소통하고 도움을 요청하게 될 것이며 타인을 존중하고 경청하는 방법을 배우고, 동시에 갈등에 직면했을 때 싸우거나 도망치는 것보다 창의적인 문제해결력을 발휘하는 일상생활 속의 푸드표현 코치로써의 아름답고 건강한 삶을 살아가는 더 좋은 방법을 배우게 된다.

# 푸드표현예술치료의 이해
FEAT(Food Expressive Arts Therapy)

푸드는 표현예술을 위한 오감의 매체이다

푸드는 그 소재에 따라 음식으로 우리에게 맛의 욕구와 만족감과 즐거움을 충족시켜주고, 나아가 평온한 상태에 이르게 되고 오감을 이용해서 과거에 경험한 기억을 깨워, 뇌와 협응이 이어져 무의식에서 의식세계로 이끌어 조형활동을 하게 해준다.

푸드는 표현예술 분야에서 다양한 창의성을 제공한다

푸드매체는 여러 가지 생김새와 다양한 색깔로 시각에 풍부함을 주고, 상큼한 자연의 냄새와 식용 매체는 우리에게 맛의 감각을 느끼게 하며 만져봄으로써 그 촉감이 새로운 감각을 일깨워주어 상상력을 충만하게 되어 다양한 창의성으로 우리의 깊은 마음을 표현하게 한다.

푸드표현으로 새로운 예술분야를 이끈다

활발한 조형활동으로 표현력과 감상력을 향상시키고 또한 자기이해, 자기성찰, 깨달음으로 상상력, 독창성, 창의성을 유발시켜 만족감과 정서안정으로 작품활동에 몰입하여 심리적 자유와 자존감, 자기효능감을 살려 아름다운 나를 나타내는 예술활동에 빠져들게 한다.

푸드표현예술활동은 마음치유로 이어진다

함께 예술활동으로 서로의 내면을 알게 되며 상담과 힐링과 영적 승화로 자신의 어두운 문제를 해결하고 아름다운 새로운 인간관계를 형성하여 행복한 삶을 영위하게 한다.

오감을 자극해 깨우는 무의식과 소통과정에서 표현되는 푸드표현예술작품은 잊었던 자신의 모습을 보게 하고, 본래의 온전한 자신의 모습으로 돌아와 심신의 건강함과 영혼의 통합으로 회복하도록 자극한다. 음식재료를 사용해 푸드작품활동을 하고 작품과의 만남을 통해 자기성찰의 시간 즉 작품감상을 한 후 조리하여 먹는 과정에서 자신이 창조해 낸 대상물인 작품과 자신이 하나로 통합되며 내재된 심리적 자원인 성장과 치유의 힘을 발견하고, 자신의 삶에 대한 행복과 만족을 찾아가도록 스스로 돕는 마음여행 과정이기도 하다.

오감의 자극을 통하여 나타나는 푸드표현활동 속에서 자기 자신의 정신 경험을 의식하며 자신을 살펴보고, 이해하고, 알아차리고, 통찰하는 것만으로도 인생을 살아가는데 충분히 의미가 있다고 생각한다. 살아가면서 우리 안에서 어떤 감정이 일어나는

지를 찾아보고 자신의 감정을 이해하는 것은 자신을 알아 가는데 있어 매우 중요한 과정이다. 더욱이 오감을 통한 다양한 감정은 육체적 감각을 동반할 수 있으며 동시에 우리의 몸을 깨우고 생각을 깨우며 무의식에 새겨진 기억을 깨워 현재의 인식에 연결시켜 주기도 한다.

건강하고 아름다운 삶은 어떠한 삶일까? 마음에 활력이 없고, 피곤할 때는 모든 행동 하나하나에 노력이 배가 된다. 지친 일상에 활력을 주려면 마음이 여유로워야 하고 매순간 깨어 있으며 자신을 알아차릴 수 있는 자각이 필요하다. 일상의 삶이 행복하고 즐거우며 매 순간 깨어 있기 위해 우리는 하루 세 번 푸드와 마주 하며 자신을 만나는 푸드표현 마음여행을 한다. 우리는 푸드를 만지고 다루는 몰입의 순간에 온전히 자신을 경험하게 되며, 자신의 행동과 감정, 생각을 있는 그대로 만난다.

신선한 초록의 채소, 온갖 다양한 천연색깔의 열매와 과일들의 신선한 칼러 이미지는 이미 우리에게 치유적이다. 신선한 채소와 과일을 보는 것만으로도 이미 마음이 풍성해지고, 자신만을 위한 식탁을 준비하기 위해 음식재료를 다루는 것만으로도 마음이 뿌듯해진다. 이 음식재료를 만지고 다듬어 둥근 접시에 표현해 보고, 미래의 꿈을 장식해 볼 수 있다. 사실 음식재료를 통해 마음을 표현함으로써 우리는 우리안의 자기복원력, 마음의 항상성을 스스로 찾아내게 된다. 자신도 모르게 손이 움직이고, 채소와 과일, 통곡 류 등의 음식재료를 통해 무엇인가를 표현함으로써 자신의 마음이 상징적으로 접시 위에 그려진다. 저절로 움직이는 손과 두뇌, 지각의 협응 작용에 의해 우리 안의 창의성과 자기실현성이 살아난다. 나도 모르게 표현된 작품은 너무나 멋있고 예쁘다. 스스로 만족스럽고 기분이 좋다. 이럴 때 이 작품의 작품성을 보고 표현된 작품의 의미를 생각하면서 푸드마음 일기를 써보는 것도 새로운 경험이 될 수 있다. 그리고 사진을 찍어 간직한다면 자신의 마음을 표현한 푸드작품은 이제 자신과 하나가 된다. 내 몸을 위해 사랑이란 조미료를 넣어 만든 건강음식을 섭취하며 몸과 마음이 하나로 통합이 되는 것이다. 마음도 건강해지고 몸도 건강해지는 일석이조의 자기치유시간이 된다.

푸드표현예술치료의 치료원리

　인간이 태어나 성장과 발달을 하는 과정에서 푸드는 곧 양육의 의미를 담아낼 만큼 푸드와 관련된 경험은 성장기의 인격형성에 지대한 영향을 끼치기도 한다. 아이들에게는 배고픔을 채우는 것 자체가 이미 충족감과 만족감을 주는 행복으로 이어진다. 즉, 먹는다는 것은 즐거움이고 힐링이다. 반대로 생리적 배고픔과 심리적 허기는 하나로 맞닿아 있다. 그래서 충분한 양육을 받지 못한 아이들의 경우, 심리적인 허기가 생리적인 배고픔과 연결되어 먹는 것에 강한 욕구가 발동하며 스스로 통제와 절제를 하지 못하는 모습을 보이기도 한다. 그래서 아동과 청소년기의 성장과정에서 푸드라는 매체를 통해 자신을 탐색하고 이해하고 타인과 만나고 상호작용하는 경험은 안정적인 양육의 경험을 위해서 그리고 인격적 성장을 위해서 매우 효과적이다.

　푸드표현예술치료는 치료과정에서 우리가 일상에서 늘 대하는 푸드매체와 자연을 만나기 때문에 심리적 저항이나 부담이 감소된다. 따라서 푸드표현작품 활동시 심리적인 이완상태에서 해소되지 못했던 감정이나 정서의 자물쇠가 풀리게 되고 자연스럽게 자신의 속내를 작품이라는 대상을 통해 드러나게 되는 것이다.

　푸드라는 매체가 가지는 자연스럽고 친밀한 그리고 우리의 감각을 깨우는 특징을 통해 자신의 마음을 표현할 때 우리의 무의식은 훨씬 더 많이 표현되게 된다. 따라서 푸드표현 작품을 활용한 나눔의 장에서 서로의 심상을 찾아보고 주고받는 것은 자신의 내면 깊이 있는 것과 만남을 하게 하는 놀라운 깨달음을 준다.

— 건강하고 맛있는 창의 융합「푸드표현예술치료」김민용 김지우(2019)

푸드표현예술치료의 효과

1. 오감을 자극하여 나타내는 표현심리

음식재료를 매체로 먹으면서 표현하고 예술활동을 하며 심리치료하는 푸드표현예술 치료는 심신의 통합을 이룰 수 있는 창의융합적인 학문으로, 몸과 마음을 함께 나누고 다스리는 대체의학적 접근의 가능성도 커지고 있는 자연치유적인 테라피(심리치료)이다.

음식은 사람의 몸에 영양을 공급하여 건강하게 도와주며, 생명을 유지하는 데 중요한 역할을 한다.

오감을 활용하여 표현된 푸드표현작품은 성취의 즐거움을 알게 하며, 이러한 기쁨을 경험하면 자신의 감정을 조절하고 좌절 상황에서도 이겨낼 수 있는 자신감이 향상된다. 자신감은 스스로 어려운 일을 극복해 내고 성공적으로 이루어내는 즐거움에서 얻어진다. 음식재료를 사용해 표현된 작품은 조금만 시도하면 멋지고 아름답게 표현되며 만족감을 느끼게 해 준다. 이러한 푸드표현활동 과정의 긍정적인 순환을 통해 참여자는 실제 삶 속에서도 어려움을 극복하고 해결할 수 있는 지혜를 발견할 수 있다.

2. 창작력 향상

푸드표현활동에 몰두하다보면 사람의 마음속 깊이 잠겨있는 잠재의식을 마음 밖으로 표출시켜 무의식 속에 가두어 있던 상상력이 발동하게 된다. 이는 곧 창의력, 독창력이 샘솟듯 솟아나 무의식이 의식화되어 푸드의 독특한 매체를 통해 예술작품으로 탄생함으로써 아무도 알 수 없던 나의 순수하고 고귀한 심성이 나의 예술작품을 접하는 모든 사람이 오감을 발동하여 색의 조화나 구성의 아름다움, 자연의 향기, 촉감의 느낌, 입체감 등을 서로 공감하고 마음을 나누게 한다. 이런 경험이 축적되면 인간의 뇌의 활동이 활성화되고 감수성과 지능지수가 높아져서 다가오는 새로운 시대변화에 적응할 뿐만 아니라 상상력, 독창력, 창의력이 향상된다. 이로서 진보된 창작활동을 수준 높게 할 수 있다.

3. 음식이 주는 효과

음식 + 마음치료 = 몸과 마음의 조화로운 건강 유지

푸드표현예술치료를 진행하며 마음을 표현하고 함께 나누어 먹는 음식은 생명의 유지는 물론, 몸과 마음, 정신을 맑고 건강하게 하며 영혼까지 살찌우는 음식이라는 생각이 든다. 몸을 튼튼하게 하면서 마음의 든든함을 담은 심리보약까지 처방받고 먹게 되는 푸드표현예술치료를 통해 선재 스님의 말씀처럼 음식의 맛은 식품자체가 주는 맛, 기쁨의 맛은 음식으로 인해 마음이 기뻐지는 것으로 이러한 기쁨으로 인해 음식은 좋은 약이 될 수 있다. 선재(2005) 스님은 약이 되는 기(氣)의 맛은 수행으로 얻을 수 있는 맛, 기의 맛은 정적인 음식으로, 정적인 음식을 먹으면 밖으로 표출되는 힘이 생기는 것이 아니라 내면이 충실해지고 지혜를 얻게 된다고 한다.

인간 중심 표현예술치료의 창조적인 연결

1. 창조성의 촉진

느낌은 창조적 표현의 원천이다. 그러나 많은 사람들은 자기탐색이나 창조의 기쁨을 위해 예술을 활용하는 것을 꺼려하고 두려워하기도 한다.

심리적으로 안전한 환경, 비옥한 토양을 만들어 내는 사람은 촉진자(교사, 상담자, 부모, 인사 관리자 등)이다. 촉진자의 가치관과 태도, 존재방식이 참가자, 즉 학생, 내담자, 어린이 등에게 진실한 땅을 탐색하는 데 따르는 정서적 위험을 감수할 수 있는 안전한 공간을 만든다.

촉진자로서 창조성은 우리 모든 존재에서 나온다는 것, 그리고 우리 각자는 상상과 내적 자원을 활용, 자신을 표현하고자 하는 선천적인 충동과 욕구를 갖고 있다는 것을 이해하면 도움이 된다. 창조적 과정은 우리의 모든 것, 즉 몸, 마음, 정서, 영혼, 전체를 통해서 일어난다. 이것을 알고 믿고, 경험함으로써 당신은 동작과 미술, 음악, 창조적인 글쓰기, 이미지를 활용하는 것이 창조적 에너지를 자극할 뿐만 아니라 길을 열 수 있다는 사실을 이해할 수 있다. 요즈음에 와서는 우리가 항시 대하는 식재료와 가공식품, 자연의 여러 식물을 이용, 푸드표현예술치료가 창조활동에 많은 역할을 한다고 볼 수 있다.

2. 창조성의 촉진조건

인간은 온전한 자기 자신이 되려는 본능적인 충동을 가지고 있다는 이런 깊은 신념은 표현예술 활동의 원동력이라고 생각한다. 창조성을 촉진하는 데 있어서 우리는 내적 조건과 외적 조건이 있음을 알 필요가 있다. '내적 조건을 경험에 대한 개방과 평가의 주체를 내면에 두는 것으로 정의하고, 외적조건을 심리적 안전감과 심리적 자유라고 한다.'(칼 로저스)

경험에 대한 개방은 미리 판단하지 않고 존재하는 그 순간을 인식하는 능력이다. 이것은 경직성을 없애고, 새로운 개념과 신념에 대하여 개방하며, 명료하지 않은 것도 수용하는 것을 말한다.

어떤 사람이 타인의 반응에 귀 기울일 수는 있지만 그 반응에 지나치게 집착하지 않을 수 있다면 그는 평가의 주체를 내면에 두는 능력이 발달한 것이다. 사람들은 대부분 인정을 받으려는 강한 욕구를 가지고 있기 때문에 자기평가가 동료들이 하는 평가보다 더 중요하다는 느낌을 갖기 어렵다. 또 우리들 대부분은 타인에 대해서보다 자기 자신에 대해서 더 비판적이다. 평가가 자신 안에서 일어날 때, 자신에 대한 믿음과 이해가 커진다. 자신의 재능과 능력에 대해 제대로 인식할 때 자존감도 함께 커진다. 자신을 정직하게 평가할 수 있으면 타인으로부터 계속 칭찬받고자 하는 욕구가 사라질

것이다.

  어떤 외적 조건은 창조성을 위한 내적조건들을 촉진하고 양육한다. 다시 말해서 창조성 촉진에 요구되는 조건으로 첫째는 심리적 안전감은 무조건적인 가치를 지닌 존재로 인간을 수용하고, 외적 평가가 없는 분위기 제공과 공감적으로 이해하는 것이며 둘째는 심리적 자유이고 셋째는 자극적이고 도전적인 경험을 제공하는 것이다.

3. 창조성을 가로막는 것들

  우리의 내면에는 창조성을 가로 막는 인정 욕구가 있다. 나 아닌 타인으로부터 사랑과 인정을 받고 싶어 한다. 그러나 우리의 창조적 에너지를 해방시키기 위한 열쇠는 자신의 깊은 내면에 있는 인정에 대한 느낌을 발견하는 일이다. 우리의 가치를 타인의 손에 둔다면 자신을 그저 기쁨이나 추구하는 삶으로 전락시켜 버릴 것이다. 표현예술을 통해서 경험하는 창조적 과정은 자기발견, 자존감, 자기역량 강화에 이르는 길이다.

  사랑과 인정에 대한 욕구는 정당한 것이다. 그러나 이것은 교활하고 잡기 어려운 꼬마요정과 같다. 사랑과 인정은 갈구하면 할수록 더 얻기가 어렵다. 자기에게 진실하고 솔직한 것이 진정한 사랑과 이해를 받아들이는 지름길이다.

우리의 창조적 잠재력을 방해하는 또 다른 장애물은 미지의 것에 대한 두려움이다. 실패를 두려워해서는 앞으로 나아갈 수가 없다.

4. 탐색하기

창작 과정에 몰입하다보면 우리가 창조적인 사람이 되지 못하게 막았던 장벽들로부터 실제로 벗어나게 된다. 즉 어떤 평가도 받지 않은 상황에서 여러 가지 형식의 표현예술을 탐색하고 실험해 보면 우리 내면의 평가가 또는 인정받고 싶은 욕구나 실패의 두려움 그리고 알 수 없는 막연한 두려움이 사라질 수 있다. 나라는 인간중심적인 환경을 스스로 만든다.

자기의 가치나 아름다움을 인정하는 것이 고통이나 분노를 인정하는 것보다 더 어려운 사람이 많다.

당신의 감정이 예를 들어 푸드표현예술과 연결되면서 새로운 에너지지가 발견된다면 자신을 믿어야 한다. 만일 창조적 연결을 경험한다면, 당신은 부정적인 힘이 건설적인 에너지로 바뀌는 것을 느낀다면 자기치유가 가진 강력한 방법을 발견할 것이다.

5. 창조적 연결

창조적 연결이라는 것은 하나의 예술형태(예:푸드표현예술)가 다른 예술 형태(음악, 미술, 행위, 조각, 글쓰기 등)에 직접적으로 영향을 미치게 하는 과정을 뜻한다. 창조적인 행위를 하면서 매우 강도 높게 집중하다 보면 억눌린 느낌을 실제로 건설적인 에너지로 변화시킬 수 있다.

또 극단적이거나 상반되는 내면의 느낌을 통합하고 완전한 균형을 잡아 주고 정리

함으로써 자기 자신을 치유 할 수도 있다. 우리는 이런 갈등 요소들을 탐색하고 온전한 존재가 되는 길을 찾기 위해 시각예술을 활용할 수 있다.

동작, 미술, 글쓰기, 소리, 푸드, 명상은 창조성이라는 흐르는 강물 속에서 서로 얽혀 있다. 창조성을 우리 내면의 깊은 우물이라고 생각하면 그 우물은 고요히 가라앉아 움직이지 않을 때도 있을 것이다.

표현예술작업은 우물을 움직이게 하고, 뚜껑을 열고 샘물이 보글보글 솟아오른물이 색채의 모양과 형태로 드러나게 한다. 그래서 물이 색채와 모양과 형태로 드러나게 한다. 이것이 바로 창조적인 연결이다.

6. 표현예술의 적용

창조적 예술을 활용하면 내담자가 자기 감정을 규명하고 그것을 제대로 느껴 보도록 강력하고 효과적으로 도와줄 수 있다. 이 방법은 매우 이성적이고 언어중심적인 사람들에게 특히 유용하다.

표현예술을 활용하면 내담자는 무의식을 건드려 보고 탐색할 수도 있다. 창조적 연결 과정은 사람들이 무의식이라는 깊은 물속으로 풍덩 뛰어들게 해 준다. 색채, 형태, 상징이 무의식에서 솟아나와 시각예술이 된다. 내담자가 인간중심의 환경에 있으면 그런 이미지와 상징에 의미를 부여할 수 있다. 우리는 모두 영적인 존재이다. 우리 모두는 인생에서 자신만의 이야기를 가지고 있다.

표현예술은 내담자들이 그들의 직관적이고 신화적이며 영적인 면들을 발견하게 해 준다. 우리는 정해진 시간 안에서 여행을 하고 있으며 이 여행에는 시작과 끝이 있다. 산꼭대기도 있고 계곡도 있으며, 도전도 있고 승리도 있다. 우리는 우리 자신의 인생이야기를 쓰는 작업에 참여하고 있는 것이다.

표현예술은 이러한 이야기를 실어다 주는, 비교할 데 없는 훌륭한 운송 수단이다. 그림, 글쓰기, 동작, 춤, 노래, 이 모든 것들은 우리 내면에 깃든 신화적인 것들을 불려낸다.(나탈리 로저스, 2007)

심리치료에서의
진정한 사람

　심리치료자가 바로 자기 자신으로 존재할 때, 내담자와의 관계에서 진실되고 체면이나 허울이 없을 때, 마치 흘러가듯이 그 당시의 느낌과 태도를 개방적으로 받아들일 때 내담자의 개인적인 변화가 촉진되었다. 우리는 이러한 조건을 설명하기 위해 '일치성'이라는 말을 만들어 냈다. 이로써 치료자가 경험하고 있는 감정은 그에게 유용하게 되고, 인식될 수 있고, 감정을 살릴 수 있고, 또한 전달될 수 있다.

　누구도 이러한 상황을 완벽하게 성취할 수는 없지만 치료자가 자신 안에 어떠한 일이 일어나는 가를 수용적인 자세로 듣고 두려움 없이 자신의 감정의 복잡성 그 자체가 된다면 그의 일치성은 높아진다.
　관계에서 치료자가 더욱더 진솔하고 일치성이 있다면 내담자의 성격변화를 일으킬 확률이 높다.

치료자가 내담자 안에 있는 따뜻하고 긍정적이며 수용적인 태도를 경험한다면 변화를 촉진할 수 있다. 그때 그 안에서 느끼고 있는 감정-공포, 혼란, 고통, 자긍심, 화남, 증오, 사랑, 용기, 또는 위압감-이 무엇이든 치료자가 기꺼이 하는 성실한 태도를 말하며, 치료자가 소유욕 없이 내담자를 위해 돌보는 것을 의미한다.

내담자를 조건에 의한 것보다 전체로 존경하는 것으로서 내담자의 행동에 따라 받아들임과 비난을 선택하는 것이 아니라는 뜻이다. 이는 주저함이나 평가가 없는, 외향적이고 긍정적인 감정으로서 무조건적 긍정적 수용이다. 연구에 의하면 치료자가 이러한 태도를 경험할수록 치료의 효과가 있다고 한다.

치료자가 '감정이입'의 과정 안에서 상담자 자신의 정체성을 떠나 내담자가 지각하고 느끼는 내적 세계의 경험을 순간순간 잡아낼 수 있을 때, 그때 변화가 일어나기 쉽다.

│ 심리 치료 시 몇 가지 중요한 교훈 │

- 사람들과의 관계에서 솔직하지 않은 행동은 결국 도움이 되지 못한다.
- 스스로에 대해서 좀 더 깊이 수용하고 있는 그대로의 내 자신이 될 수 있을 때 더 효율적으로 남을 도울 수 있다.
- 다른 사람을 이해하려고 노력하는 것은 엄청난 가치가 있다.
- 다른 사람이 자신의 감정, 개인적인 지각의 세계를 터놓고 이야기하도록 하는 것이 나를 풍부하게 한다.
- 상담을 하면서 상대를 수용하는 것은 대단히 보람 있는 일이다.
- 다른 사람의 평가는 내 지침이 될 수 없다.
- 사람들은 근본적으로 긍정적인 방향성을 가지고 있다.
- 인생은 최선의 상태로, 아무것도 고정되지 않은 흘러가고 변화하는 과정이다.

1. 사람이 되어가는 과정

• 잠재적 자아 경험

자아와 연관이 있다는 생각 없이 그 순간 경험의 다양한 범위에 대한 인식이 시간이 지나면 그 경험한 것이 자아의 한 부분으로 인식된다는 것이다.

• 호의적인 관계의 충분한 경험

치료의 심오하고 유의미한 특징 중 하나는 치료자가 내담자에 대해 가지고 있는 긍정적인 감정을 내담자가 자신의 경험으로 충분히 받아들이는 것을 놀라워하지 않는다는 발견이다. 이것이 힘든 이유 중 하나는 '나는 좋아할 만한 가치가 있는 사람이다.'라는 감정을 동반하기 때문이다.

• 자기 자신을 좋아하기

치료는 사람으로 하여금 충분히, 그리고 깨어있는 상태에서 감정과 정서를 포함한 모든 반응을 경험하도록 한다. 이것이 일어나면 그 사람은 자신을 긍정적으로 좋아하고 총체적으로 기능하는 한 사람으로 진솔하게 존중할 수 있는데, 이는 치료에서 가장 목표 중 하나다.

• 성격의 핵심은 긍정성의 발견

임상 경험에서 얻은 가장 획기적인 개념은 인간 본질의 가장 핵심, 성격의 가장 심층적인 측면, '동물의 본능'의 기초가 천성적으로 긍정적이고, 사회성이 있고, 전진하려는 특성을 가지고 있으며, 이성적이고 현실적이라는 인식의 성장이다.

- **유기체가 된다는 것, 자신의 경험**

인간이 충분한 인간으로 존재할 수 없다면 현재 세계가 보여주듯이 자신과 자신의 행동을 두려워해야 하는 이유가 생긴다. 그러나 사람이 독특한 인간의 특성인 충분한 사람으로 존재한다면, 완전한 유기체로 경험을 인식하고, 신뢰를 받을 수 있다. 이렇게 되면 자신의 행동이 건설적으로 된다.

2. 사람이 된다는 것은 어떤 의미인가?

- **가면을 벗어라**

개인이 도달하고자 하는 최종 목표이며 알게 모르게 추구하는 것의 끝은, 자기 자신이 되는 것이다. 인생의 많은 부분이 자신의 의지가 아닌 지시에 따른 것임을 발견하게 된다. 종종 그 자신은 다른 사람의 명령에 반응하여 존재한다는 것을 깨닫게 되고, 그 자신은 없으며 다른 사람이 그가 어떻게 생각하고, 느끼고, 행동해야 하는지 규정한 대로만 존재한다는 것을 알게 된다.

자아를 찾는 탐색은 자신의 가면을 벗어내는 그들 자신을 발견할 때, 그러나 가면이 거짓이라는 것을 발견할 때 더 어려워진다. 거칠고 때로는 공격적인 느낌 때문에 파고드는 것을 두려워한다. 그들이 실제 자신의 일부라고 생각해 온 가면을 벗어 내는 것은 어려운 일이지만, 생각하고 느끼고 존재하는 자유가 있을 때, 개인은 그 목표를 향해 나아가게 된다.

- **감정의 경험**

감정을 경험한다는 것은 사실상 자아의 알려지지 않은 부분의 발견이다. 일상에서 우리의 태도를 충분히 경험하지 못하는 수많은 혹은 하나의 이유가 있는데, 과거에도 현재에도 그랬듯이 사회적 상황 때문이다. 자유롭고 충분히 경험한다는 것은 어쩌면 매우 위험한 일인지도 모른다. 그러나 안전하고 자유로운 치료의 관계에서는 충분한 경험을 할 수 있고, 그들의 한계를 뛰어넘을 수 있다. 치료를 통해 개인이 이 틀 안에서 유기적으로 떠오른 모든 감정을 경험할 때, 그리고 열린 자세로 이 지식 안에서 그들을 경험할 때 자신 안에 존재하는 모든 풍요로움 속에서 자기 자신을 경험하게 된다. 그는 그 자신이 되는 것이다.

- **경험에서 자신 발견하기**

자신이 되어 간다는 것은 자신을 속여 왔던, 세상 속에 존재한 가면들 뒤에 있는 것들 탐구한다. 깊고 종종 생생하게 내면에 가려져 온 그 자신의 다양한 요소를 경험한다. 그래서 점점 자기 자신이 된다. 다른 사람들과의 일치성의 허울이 아닌, 모든 감정의 냉소적인 거부가 아닌, 지적 합리성의 태도가 아닌, 살아 숨 쉬며 느끼고 변화하는 과정을 경험한다. 한마디로 말하면 그는 사람이 된다.

- **경험에 대한 개방성**

개인은 느낌과 태도들이 아주 자유롭고 포근한 상태에서, 유기체수준에서 존재할 때 느낌과 태도를 더 솔직히 자각하게 된다. 또한 선입견으로 인식하는 대신 그 자신의 외부에 존재할 때 좀 더 실제를 깨닫게 된다. 이때는 나무가 모두 초록색은 아니라는 것을 알게 되듯이 모든 실패의 경험이 나쁜 것만은 아니라는 것을 알게 된다. 예전의 패턴에 맞추어서 상황을 왜곡하는 대신, 새로운 상황의 증거 안에서 조사할 수 있다. 당신이 과거의 경험에 대해 좀 더 개방적이 되는 능력은 새로운 사람들, 새로운 상황들, 새로운 문제들을 더 현실적으로 다룰 수 있도록 해 준다. 이것은 그의 믿음이 경직되어 있지 않다는 것이다.

- **자신의 유기체에 대한 믿음**

일반적으로 내담자가 경험에 개방적이면, 자신의 유기체를 더 신뢰할 수 있다는 것을 발견하게 되고 자기가 느낀 감정의 반응에 대해 공포감을 덜 갖는다. 신뢰가 점점 자란다면, 그것이 복잡하고 풍부하며, 다양한 종류의 감정과 유기체적 수준에서 존재하는 경향까지 영향을 미친다. 결과적으로 편안한 사회적 충동과 감정들이 두려움 없이 만족스럽게 자신을 채움을 발견할 수 있다.

- **평가의 내부 중심**

인간이 되어 가는 과정에서의 증거 중 또 다른 경향은 선택이나 결정, 평가적 판단과 관련이 있다. 개인은 점차적으로 자기 내부에 평가하는 중심이 있다는 것을 느끼게 된다. 타인에게 인정 또는 불인정 받는 것, 삶의 기준, 결정하고 선택하는 것에 점점 덜 민감하게 된다. "내가 진정으로 나에게 만족하고 살며 나를 진정으로 표현하며 사는가?" 하는 질문의 중요성과 자기 자신 안에 선택권이 있다는 것을 인식하는 것이다. 이것이 창의적인 인간에게 가장 중요한 질문이다.

- **과정 되는 것을 쾌히 하기**

자기 자신이 되기 위해 노력하고 이를 발견해 가는 사람들에 대한 마지막으로 중요한 것은 개인들이 어떤 결과물 보다 과정에 더 만족하는 것이다. 경험의 복잡한 흐름을 따라가다 보면 언제나 변화하는 복잡성을 따라가도록 노력할 가능성이 있다는 것은 흥미스러운 일이다.(Carl R. Rogers 저 : 상담의 원리와 실제 「진정한 사람 되기」)

02

유아의
푸드표현예술치료와
놀이의 중요성

1. 유아의 특성
2. 유아의 푸드표현예술치료의 개념
3. 유아에 대한 푸드표현예술치료 효과
4. 놀이하며 배우는 유능한 유아
5. 유아의 놀이 의미

푸드표현예술은 작품을 보며 즐거운 욕구가 충족되고 성취감이 고취되어 자신감과 행복감이 높아지고 일상생활에서 문제해결력도 창의성도 높아진다.

유아의 특성

1. 유아의 발달적 특성

대한민국의 국어사전에 따르면 유아는 생후 1년부터 초등학교 입학 전까지의 어린 아이를 가리키며, 대한민국 영유아보육법에서 영유아란 만 6세 미만의 취학 전 아동을 말한다.

1) 신체적 성장

유아기에는 신체적인 변화가 매우 뚜렷하게 나타나는 시기로 키와 몸무게 등이 눈에 띄게 변화된다. 이 시기에 키는 매년 7cm 정도씩 증가하여 6세가 되면 115cm 정도로 성장하며, 몸무게도 급속하게 증가하여 6세가 되면 20kg 정도가 된다. 이 시기에는 신체적 변화와 함께 신체 각 부위의 활동성이 증가하며, 이와 함께 인지와 언어 능력 또한 급격하게 발달하게 된다.

유아기의 행동적 특징은 차츰 자신과 주변사람들을 구분하여 인식하기 시작하며, 자신이 하는 행동에 대해 주변 사람들이 어떻게 반응하는지에 많은 관심을 갖고 관찰을 하며 이러한 관찰의 결과에 따라 자신의 행동을 조절함으로써 세상과 환경에 적응해 가게 된다. 스스로에 대해서는 독립적인 존재임을 깨닫게 되고 성장 과정에서 경험하게 되는 다양한 주변과의 상호작용을 통해 사회성을 발달시켜간다. 정신분석이론의 창시자인 프로이드의 심리성적 발달단계 이론에서 강조한 배변 훈련이 개인적인 차이가 있지만 만 2세 정도부터 시작된다. 또한 '미운 네 살'이란 말이 있듯 3~4세가 되면 자기주장이 강해지고 상황에 따른 감정 변화가 심하며, 상황이 자신의 뜻에 맞지 않으면 분노와 짜증, 거부의사를 강하게 표현하기도 한다. 언어 발달의 변화는 초기 한 단어 수준에서 두 단어 수준으로 그리고 그 이상의 수준으로 점차 변화되어 만 3~4세 정도가 되면 어느 정도 의사소통이 가능한 수준에까지 이르게 된다.

운동적 특성으로 유아기에 있어서 운동발달 또한 매우 빠르게 진행된다. 1세 정도에 기어가기와 서기, 걷기 등이 가능해지고 점차 불안정했던 걸음걸이는 자연스러워지고 빨라지며 거리가 증가하게 된다. 손과 팔을 이용하여 물건을 만지거나 집거나 움직이는 것이 가능해 진다. 3세 정도가 되면 건너뛰기나 계단 오르기 등 난이도가 있는 걷기도 가능해지고, 4세 정도가 되면 달리기와 미끄러지기, 올라가기, 끌기와 들기, 던지기 등이 점차 가능해지고 능숙해진다. 5세 정도가 되면 걷기뿐만 아니라 손으로 하는 가위질, 젓가락질 등 여러 가지 다양한 동작들이 균형과 안정을 이루며 빨라진다. 6세 정도가 되면 자유롭게 뛰어다니고 손을 마음대로 자유롭게 사용할 수 있게 된다.

2) 유아기 정서적 특성

유아기 정서적 특징은 심리적으로 의존적이고 자기중심적이다. 정서적으로 불안정하여 감정의 지속시간이 짧아, 충동적이고 반응적이며 폭발적인 특성을 나타낸다. 6세경이 되면 상상력의 발달에 따라 상상 속의 무서운 존재나 위험한 것에 대한 두려움이 발생하기도 한다.

사회적 특성은 만 1세쯤 되면 유아는 타인이 무엇을 원하는지 알아차리고 상대방의 의사를 조금씩 이해하기 시작한다. 2세 이후가 되면 수동적이었던 관계가 주도적이고 적극적으로 변화하며, 본격적으로 또래 유아와의 상호작용이 나타나기 시작한다. 이때 또래에게 다가가거나 말을 걸고, 함께 놀이에 참여하고자 하나 아직은 협력하거나 상호적이기보다는 따로따로인 평행놀이의 모습으로 나타난다. 진정한 의미의 사회성은 3세 이후에 나타나 또래와 함께 놀고 싶어 하는 욕구를 드러내고 서로 상호작용을 하면서 어울리게 된다. 반면 자기주장을 강하게 하고 경쟁심도 커져 또래관계에서 갈등이나 다툼이 생기기도 한다. 이때 어른에 대해서도 대들거나 거부하는 등 과격한 표현이 나타나기도 한다. 5, 6세가 되면 집단의식이 발달하여 함께 하는 집단의 수가 증가하고 놀이 시간이 늘어나며 적극적인 상호작용이 전개되며, 또래와 협력적인 관계를 형성하여 어린이집이나 유치원 등 활동 영역이 확대되고 친구들의 생일 파티에 초대되는 등 여러 측면의 사회성이 발달하게 된다.

인성적 특징은 유아의 주된 생활공간은 가정이기에 가정 내의 부모와의 관계 속에서 세상에 대한 적응방식을 학습하게 된다. 가정 내에서 유아가 부모와 맺는 관계가 인성의 적절한 발달에 필수적이라는 것은 이미 많은 연구에서 밝혀지고 있다. 특히 부모의 양육 태도에 따라 유아의 인성 발달은 절대적인 영향을 받게 된다.

유아기는 에릭슨의 심리사회적 발달 이론 8단계 중 1~3단계에 해당되며 1단계는 0~1.5세이며 기본 갈등은 신뢰감 대 불신감으로 이 시기의 주된 발달 과업은 세상에 대해 신뢰하느냐 불신을 갖느냐는 것으로 주양육자(어머니 등)의 양육방법과 태도에 따라 세상에 대한 신뢰가 형성된다. 즉 주양육자가 유아의 신체적 심리적 욕구를 적절하게 충족시켜주면 유아는 양육자나 세상에 대하여 신뢰감을 갖게 되지만 주양육자로부터 유기되거나 욕구가 충족되지 못 할 경우에 세상과 타인에 대하여 불신감을 갖게 된다.

2단계는 1~3세로 이 시기의 주된 발달 과업은 자율성 대 수치심으로 프로이드의 심리성적 발달 중 항문기에 해당하는 시기로 배변훈련 등의 과정에서 부모의 관심과 통제에 따라 '자율적'이고 창의적인 인간이 될 것인지 아니면 의존적이고 '자기회의'적인 수치심이 가득한 인간이 될 것인지 결정된다. 부모가 적절히 아이의 행동에 관여하고 아이의 행동에 대해 비록 실패하거나 실수를 하더라도 지지하고 응원하는 태도를 보일 경우 아이는 스스로 하려는 노력을 하게 되고 이는 자율성을 향상시킨다. 그러나 부모가 지나치게 간섭하거나 통제하는 경우 유아는 수치심을 갖게 된다. 이러한 수치심은 욕구가 해결되지 않을 때 완강하게 거부하거나 지나친 떼를 쓰기도 하고 자지러지게 우는 등의 과격한 행동을 보인다.

3단계는 3~5세로 이 시기의 주된 발달 과업은 주도성 대 죄책감으로 프로이드의 남근기에 해당되는 시기(3~6세)인데 이때 유아는 넘치는 생기와 활력, 호기심 등 주체할 수 없는 활동성을 보인다. 다양한 활동적 놀이 등을 통해 자신의 활동 영역을 넓히며 자신의 주도성을 발전시켜 설정된 목표를 달성하기 위한 행동을 보인다. 유아의 이런 과격한 활동으로 인해 가족이나 주변으로부터 반복되는 지적과 실수나 실패에 대한 비난이나 처벌을 받게 될 경우 유아는 죄책감이 형성되어 위축된다.

3) 유아기 뇌의 발달

유아기 두뇌의 발달은 급속하게 이루어진다. 개인마다 차이는 있지만 대략 2세 정도가 되면 유아의 뇌는 성인의 75%에 이르고 5세경에는 90%까지 자란다.

유아기의 가장 중요한 신체 변화는 뇌와 신경계의 지속적인 발달이다. 특히 시냅스의 밀도는 태어나서 2세까지 가장 급격하게 증가하다가 가지치기를 통해 점차 감소하여 7세 정도가 되면 거의 성인 수준에 이른다.

인간의 뇌는 어떻게 활용하느냐에 따라 그 발달과 변화의 정도가 천차만별이다. 최근 뇌과학이 발달되면서 뇌의 다양한 기능과 뇌를 활용하는 방법들이 다양하게 제시되고 있다. 뇌 발달과정에서 유아기 후반인 5,6세에 뇌는 가장 변화무쌍한 시기이다. 곧 뇌가 급격히 발달하는 시기일 뿐만 아니라 뇌가 환경에 능동적으로 적응하는 시기이다. 이러한 환경과의 상호작용은 뇌발달에 절대적인 영향을 미치며 따라서 유아기에 어떤 경험들을 하도록 하느냐는 가장 중요한 시기의 가장 중요한 과제가 될 것이다.

유아기는 뇌의 발달이 최절정에 이르는 시기이며, 창의력, 문제해결능력, 언어적 능력, 수학적 능력, 사회적 능력이 발달하는 최적기는 유아기이다(서유헌,2010; Delaveau & Campbell, 1998; Powell, 2004. 재인용).

또한 유아들은 호기심이 많아 사물을 관찰하고 탐색하는 활동을 좋아 하고 유아기 뇌 발달 특성상 체험형식의 활동을 할 때 유아들은 보다 높은 관심을 보이며 가장 효과적인 학습이 이루어진다.

(김미서, 2016).

만 0~3세의 뇌 발달특징을 살펴보면 전뇌가 골고루 발달하는 시기이며 특히 감정 발달이 중요한 시기이다. 만3~6세의 뇌 발달 특징은 전두엽이 보다 빠르게 발달하며 성인이 된 후에도 계속 발달한다. 전두엽에서는 창의성, 정서조절 및 판단, 문제해결 및 계획하기와 같은 의도적인 행동들을 관여한다(김경철, 홍정선, 2006. 재인용).

2. 유아들의 성장 환경

현재는 4차 산업혁명 시대의 새로운 변화의 시점에 서 있으며 지금 성장하는 유아들은 본격적인 4차 산업혁명 그 격변의 중심에 서게 될 것이다. 4차 산업혁명의 시대는 미래학자인 랄프 옌센(2005)이 주창한 드림소사이어티의 시대로 꿈과 감성 그리고 스토리가 중요해지는 시대가 될 것이다.

즉 이제는 하나의 질문에 4개 중 하나를 선택하거나 하나의 정답만을 가지는 단순한 시대가 아니라, 하나의 질문이지만 각자의 개인적 특성에 따른 다양한 시각과 관점으로 문제를 해결해가는 창의적 사고를 요구하는 시대가 되는 것이다. 4차 산업혁명 시대는 인공지능에 의해 많은 일들이 처리될 것이다. 따라서 인공지능이 할 수 없는 창의적이고 창조적인 사고를 하는 사람이 새로운 시대를 선도해나가고 자신만의 행복한 삶을 영위해 나갈 수 있을 것이다.

이런 측면에서 푸드표현예술치료를 통해 유아가 신체의 중요한 감각들인 보고, 듣고, 냄새 맡고, 맛보고, 손으로 만지고 느끼며 뭔가를 만들어가는 오감의 활용과 푸드라는 매체를 단순히 먹는 것이 아닌 자신의 마음을 표현하고 발견해가는 도구가 될 수 있다는 새로운 경험은 유아에게 다양한 시각을 제공하고 자신의 관점을 다양하게 변화시켜보는 중요한 체험을 제공한다.

푸드표현예술치료의 개념

　푸드표현예술치료는 음식(Food)재료를 매체로 우리의 오감을 자극하는 조형활동을 하며 '지금-여기'에서의 마음을 표현하는 과정을 통해 스스로 자기통찰을 경험하고 심리, 정서적 문제를 내담자 스스로 해결해 가도록 돕는 통합적 표현예술치료의 한 장르이다. 푸드표현예술치료는 일상에서 늘 대하는 음식재료를 사용하여 먹으면서 마음을 표현하고 심리적인 안정감을 찾아가도록 돕는다. 표현된 작품 또한 이야기를 나눈 후 심신의 통합을 위해 먹으면서 세포에 각인시키는 과정으로 연결한다. 오감을 자극해 깨워내는 무의식과의 소통 과정 속에서 표현되어지는 푸드표현예술작품은 스스로에게 잊혀져있던 자신의 참모습을 보게 하고, 본래의 온전한 자신의 모습으로 돌아와 심신의 건강함과, 영혼의 통합으로 회복하도록 자극한다(김민용 김지유, 2019).

　음식은 정말 대단한 것으로 생리적으로나 사회적으로 생활의 중심이다. 계절이 바뀌고 해가 바뀌어도, 우리는 매일 음식을 먹으며 배를 채워 육체적인 배고픔과 정신적인 배고픔에 만족을 얻는다. 사회관계의 중심에 놓여 있는 것은 서로 음식을 같이 먹는 것이다(Carole M. Counihan, 2005).

즉 푸드표현예술치료는 가장 인간에게 친근하고 생존을 위해 절대적으로 필요한 푸드를 자유롭고 자연스럽게 만나고 다루고 표현하면서 육체적인 욕구를 해결함은 물론 심리적 안정감을 얻을 수 있는 가장 좋은 활동이다.

푸드를 다루는 과정에서 첫 번째로 중요한 것은 몸으로 경험하는 것이다. 특히 유아들에게 있어서 다양한 모양과 색깔 그리고 향기와 맛을 가지고 있는 아름답고 맛있는 푸드라는 매체와의 만남은 가장 활발하고 강력하게 뇌를 자극하고 발달시키는 기회가 된다.

신경외과 의사인 펜필드의 뇌지도 호문쿨루스에 따르면 우리의 다양한 신체 부위에 따라 수집한 정보를 처리할 때 우리가 뇌를 어떻게 할당하는지를 그림으로 명확히 보여준다. 즉 손과 입, 입술, 혀, 눈, 귀를 담당하는 뇌 부분의 영역이 매우 넓다는 것이다. 이중에서도 가장 넓은 면적으로 차지하는 곳이 '손'을 활용한다는 것은 뇌 발달에 매우 큰 영향을 미친다는 것을 알 수 있다. 물론 넓은 영역을 차지하는 부분이 대부분 오감(시각, 청각, 미각, 후각, 촉각)을 담당하는 영역으로 유아들에게 있어서 오감을 활용한 푸드표현활동은 유아의 정상적인 성장과 발달에 크게 기여할 수 있다.

또한 푸드 재료를 만지고 주물러 보고 두드려 보고 껍질을 까고 잘라보고 다지기를 하는 등의 활동을 통해 손과 손가락 팔등의 소근육과 대근육 발달 및 시지각 협응을 통한 신체적 발달을 촉진할 수 있다.

두 번째 푸드라는 매체를 다루는 과정에서의 중요한 측면은 정서적인 것이다. 프로이트에 따르면(Freud, 1962), 아기가 어렸을 때 겪은 것 중 먹는 것과 관련된 경험은 발달과정과 평생 지니게 될 성격형성에 중요한 역할을 한다. 유아시절의 음식섭취 관계를 통해 "모든 아이는 음식을 주는지 혹은 빼앗는지, 아낌없이 주는지 혹은 인색하게 주는지 등 세상의 의지에 대해 뭔가를 배우게 된다."(Carole M. Counihan, 2005). 이렇듯 푸드는 유아들에게 있어 충분히 공급이 되거나 허용적일 때 정서적으로 안정을 찾게 되며 그렇지 못하고 푸드가 부족하거나 통제적이 될 때는 정서적으로 불안을 느끼거나 심리적 결핍감을 갖게 된다. 저자의 경험을 통해서도 정서적으로 충분히 욕구가 충족되지 못하고 안정적인 양육환경이 주어지지 않은 아동의 경우 심리적 결핍을 먹는 것으로 해소하려는 행동을 보이는 것은 바로 이런 측면의 연장선이라 생각한다.

또한 대부분의 푸드 매체는 자연에서 나온 것이든 인위적으로 생산된 것이든 그 모양이나 색깔이 매우 예쁘고 맛도 다양하여 이를 활용하여 만지고 놀며 뭔가를 그리고 먹는 활동은 유아들에게 즐거움과 함께 이완되고 자유롭고 창의적으로 발달하도록 돕는다.

세 번째 중요한 측면은 인지적인 것으로 푸드를 만지고 표현하는 과정에서 푸드에 대한 이름을 익히고 푸드 매체의 모양을 설명하고 색깔을 익히며, 오감에서 느껴지는 것 하나하나 언어로 표현하는 과정에서 중요한 학습을 하게 된다. 예를 들어 소금을 주고 아이들에게 소금이 어떤 모습인지 무슨 색인지, 소금과 비슷하게 생긴 것은 무엇이 있는지? 또 소금처럼 하얀 색을 띠고 있는 것은 무엇이 있는지? 소금처럼 짠 것에는 무엇이 있는지? 소금은 어디에서 생기는지? 소금하면 떠오르는 것은 무엇인지? 등 연상 작업까지 이어감으로써 유아들의 사고를 확장시키는 효과가 있다. 이렇듯 다양한 푸드 매체를 다룰 때마다 매체를 자세히 관찰하고 탐색할 수 있도록 함으로써 유아들의 관찰력을 향상시키고 푸드 매체로 만들어 내는 요리에는 무엇이 있는지를 상상해 봄으로써 사고의 확장과 언어적 자극 등의 인지 능력을 향상시킬 수 있다.

또한 푸드라는 일반적으로 먹는 매체를 이용하여 무엇인가 그림을 그리고 마음을 표현하는 과정을 통해 유아들은 하나의 사물에 대해 단편적인 인식에 머물지 않고 새롭게 보고 활용할 수 있는 창의성을 발달시킬 수 있는 효과가 있으며, 개인적으로 활동하는 경우도 있지만 많은 경우 집단으로 활동함으로서 자신의 생각이나 마음을 타인들에게 발표하고 표현하는 기회를 갖게 되고 또 다른 또래들과의 이야기를 듣고 상호작용을 경험함으로써 사회성이 발달할 수 있는 기회가 된다.

또한 푸드표현예술치료는 뇌의 인지발달을 촉진하며 메타인지를 향상하고 자기효능감 향상에 도움이 된다(김지유, 2015). 푸드표현활동을 하면서 우리는 스스로 선택하고 자신이 좋아하는 것 싫어하는 매체에 대해 인지하고 자기 자신의 선택으로 나타난 결과에 대해 책임지게 된다. 쉽게 표현되는 푸드표현 활동으로 나타난 반응을 통해 자신과 대화하며 자신이 잘하는 것과 잘하지 못하는 것에 대해 인식하며 메타인지가 향상된다. 또한 자기결정성을 발휘해 자신이 좋아하는 것을 선택하고 아름답게 표현되는 것을 통해 성취감을 느끼며 자기효능감이 높아지게 된다.(김민용 김지유, 2019).

유아에 대한 푸드표현예술치료 효과

1. 유아의 창의성 향상

2019년 공표된 「개정 누리과정」은 교사 주도 활동을 지양하고 '유아중심', '놀이중심'의 교육과정에 초점을 맞춰 유아의 '전인적 발달과 행복', '자율성과 창의성'의 함양을 지향하고 있다. 즉, 유아가 충분한 놀이경험을 통해 몰입과 즐거움 속에서 자신의 잠재력을 최대한 신장시킬 수 있도록 그들의 흥미와 요구에 맞게 자율적으로 교육과정을 실천해 나가는 노력이 필요한 시점인 것이다(박은지, 2020). 이제 교육의 방향이 바뀌고 있는 것이다. 지금까지의 주입식 정보전달식의 교육은 점차 경쟁력을 잃어가고 있으며, 더욱이 4차 산업혁명과 드림소사이어티로 일컬어지는 미래 사회에서는 단순한 정보만으로는 큰 가치가 없고, 정보와 함께 인간만이 가지고 있는 고유의 감성과 꿈 그리고 스토리텔링이 가능한 것으로 창의적으로 융합되어져 재생산되어야 많은 가치를 창출할 수 있게 된다. 따라서 교육의 방향도 감성과 창의성을 키우는 방향으로 전환되어야 하며 그 교육은 감성과 창의성이 발달하는 가장 중요한 시기인 유아기부터 시작되어야 한다.

그런 의미에서 유아들과 함께 푸드표현예술치료라는 새로운 접근을 통한 통합적이고 융합적인 학습은 의미 있는 일이 될 것이다. 푸드표현예술치료에서 의미하는 예술은 작품이 외부적인 상황의 묘사보다 '지금-여기(Here & Now)'에서의 한 개인의 정신세계로부터 탄생한 결과이며, 인간 자체에 뿌리를 둔 살아 있는 정신활동을 의식적으로 표출시킨 창작표현과정의 결과라는 것에 중점을 둔다. 따라서 푸드치료 현장에서 다양한 음식재료를 활용하여 표현된 푸드예술작품은 지금 이 순간의 고유하고 다원적인 인간 정신세계의 내용을 표현하는 방편으로서의 의미를 가진다. 이러한 이유로 푸드표현예술치료에서 예술이란 예술품 자체가 가지는 예술성보다 창작표현과정에서 작업을 하는 지금 이 순간 자신이 느끼고 깨달아 가는 마음의 변화, 표현된 작품을 통해 다가오는 알아차림의 순간과 같은 심리현상과 예술작품에 나타난 창조성을 더 중요하게 다룬다(김민용 김지유, 2019).

따라서 유아들의 자발성을 최대한 허용하는 놀이중심의 활동을 하기 위한 푸드표현예술치료는 자연스럽게 유아로 하여금 자신의 내면에서 우러나오는 창조성을 발휘하게 되는 기회가 되며, 이런 창조성의 발휘의 경험은 유아들로 하여금 즐거움과 함께 세상에 대해 자신 있게 탐구해갈 수 있는 내면의 에너지를 만들어 준다. 이때 가장 중요한 것은 유아들이 자신의 내면을 표현함에 있어 어떠한 통제보다 옆에서 지켜봐주고 마음껏 자신을 표현해낼 수 있는 안전한 환경을 만들어주고 지속적인 지지와 응원을 보내주는 것이 필요하다.

이런 세상을 향한 안전한 탐색의 경험은 유아들의 성장과정 뿐만 아니라 성격형성과 이후 청소년기나 성인기의 문제해결력을 키우고 창의성을 발달시키는데 매우 지대한 영향을 미치게 된다.

창의성 발현의 결정적 시기라 할 수 있는 유아기 아이들의 창의성에 대해 알아보면 창의성은 두 가지의 발생론적 관점을 취하는데, 하나는 창의성이 타고난 속성이라고 보는 '본능(nature)'의 관점이며, 다른 하나는 창의성은 환경에 의해 후천적으로 길러질 수 있는 특성이라고 보는 '양육(nurture)'의 관점이다(Plucker & Runco, 1999, 재인용)(박은지, 2020). 이런 관점에서도 푸드표현예술치료적인 접근은 특히 유아들의 본능적 측면을 가장 강력하게 자극할 수 있는 푸드라는 매체를 활용한다는 면에서 유아들의 창의적 표현을 강력히 자극하게 되며, 이렇게 본능과 강력하게 연결되는 매체를 이용하여 뭔가 자신을 표현하는 것은 유아의 내면의 있는 그대로의 심상이 적나라하게 그리고 상징적으로 표현되어지게 되어 이렇게 완성된 푸드표현작품은 유아의 마음을 깊이 있게 이해할 수 있는 잠재의식의 보고라 할 수 있으며 매우 의미 있는 창의성의 결과물이라고 할 수 있다. 또한 양육적 관점에서도 푸드표현예술치료 과정에서 가장 강조하는 인간중심적인 개입으로 무조건적 존중, 공감적 이해 그리고 진솔성을 바탕으로 하는 양육적이고 안전한 공간과 환경을 제공함으로써 유아가 자신이 하고 싶은 대로 마음껏 표현하고 경험하도록 하는 것은 창의성의 발달을 촉진하는 역할을 할 수 있게 된다.

2. 유아의 사회적 기술 향상

사회적기술은 사회정서적 측면이 강조되는 개념으로서 인간이 자신을 둘러싸고 있는 다양한 환경과의 상호작용을 하면서 필요한 필수적인 능력이며, 유아기 자녀의 사회성 발달에 있어서 사회적응을 위해 가장 중요한 영역이다. 또 한 타인과의 상호작용과 의사소통을 통하여 성취감과 유능성을 기를 수 있으며 대인관계에 있어서 타인으로부터 신뢰를 얻을 수 있다(김연화, 2020).

 인간은 어린 시절부터 형성된 이러한 사회적 기술을 바탕으로 가족관계와 또래관계에서부터 사회에서의 다양한 관계를 형성해 가는 능력을 키워나가게 된다. 특히 유아기는 태어난 직후 대부분 부모로 제한된 관계에 있다가 다양하고 폭넓은 관계를 경험하게 되는 중요한 변화의 시기로 이 때 관계 속에서 어떤 경험을 하느냐는 매우 중요할 수밖에 없다. 성장 과정에 따라 성공적으로 관계를 맺을 경우 성인이 되었을 때도 적극적으로 관계를 형성하고 새로운 관계를 맺는 것에 대한 두려움이 없이 관계를 리드해 나가는 모습을 보이게 된다. 그러나 이 시기에 적절한 사회적 경험을 하지 못하고 새로운 환경에서 적응하지 못하고 상호작용을 효과적으로 경험하는 기회를 갖지 못할 경우 성장할수록 주변 사람들과의 신뢰 형성이나 긍정적인 관계를 형성하는 데 어려움을 겪게 되며 이런 부적응은 개인의 문제뿐만이 아니라 사회적인 문제로까지 이어지게 되는 경우가 있다.

 유아기에 가장 중요한 관계 대상은 부모를 포함하여 유아교육기관의 종사자와 또래들이다. 이들과의 상호작용을 통해 유아들은 사회적 기술들을 경험하고 학습하게 되며, 특히 부모와 유아교육기관의 종사자들이 보여주는 관계적인 태도는 가장 중요한 모델이 되어 유아의 관계를 맺는 방식이나 태도를 형성하게 된다. 이는 아이들이 부모나 교사들의 행동이나 말투, 태도를 그대로 따라하는 모습을 보면 그 중요성을 알 수 있다.

 그 외에 유아들은 일시적으로 환경의 변화나 갈등 상황 등에 의해 다소 공격적이거나 과잉행동이나 주의력 결핍과 같은 행동의 변화를 보이기도 하며, 우울이나 불안 등 정서적인 심리상태가 될 수도 있다. 이런 모습이 일시적일 경우 이를 방치하거나 지나치게 통제하려고 하게 되면 더 큰 부작용을 만들 수도 있다. 일반적으로 10~20%의 유아들은 행동적 문제를 보일 수 있으며(유충환, 2020) 이중 3~5%만이 심각한 문제로 전문적인 도움을 받아야 하는 경우로 보고되고 있다(이경숙 외, 2004).

　모든 문화에서 음식은 관계를 맺고 관계 속에서 위계를 만들며 특별한 의미를 부여하는 등의 중요한 역할을 해왔다. 어린 시절 어른 이 수저를 들기 전에 먼저 수저를 들거나 음식을 먹지 않는 예의를 지켰으며, 귀한 음식이 생기면 콩 한쪽도 나누는 인심으로 이웃과 나누고 빈 접시를 돌려주는 것은 예의가 아님을 배워왔다. 또한 가정의 대소사나 지역 또는 사회적 중요한 행사를 할 때에도 음식은 반드시 필요했다. 특히 유아들의 경우는 준비된 음식을 어떤 방식으로 나누고 어떤 분위기에서 제공되느냐는 아이가 환경에 적응하고 상호작용을 하는 방식을 익히는 데 중요하다. 아이들은 먹는 것도 중요하지만 어떻게 먹느냐가 중요한 이유다. 과거 원숭이를 통한 실험에서도 이는 극명하게 증명되었다. 아기 원숭이에게 두 어미 원숭이 모형을 만들어 놓고 실험을 하였다. 한 어미 원숭이 모형은 가슴에서 젖이 잘 나오는 철제로 만든 것이었고, 다른 한 어미 원숭이 모형은 젖은 안 나오지만 따뜻한 털로 덮여있는 것이었다. 아기 원숭이는 어떤 태도를 보였을까? 아기 원숭이는 잠시 배가 고플 때만 철제 원숭이에게 가서 젖을 먹었을 뿐 대부분의 시간은 따뜻함을 주는 털로 덮인 원숭이에게 붙어있었다. 결국 음식은 단순히 허기를 채우는 것으로는 만족감을 충분히 주지 못하며 정서적으로 자신을 안아주고 받아주는 관계가 필요한 것이다.

　엄마는 음식을 만들어주고 아이들은 그 음식을 먹는다. 엄마들의 음식제공은 모든 양육을 대표적으로 나타내고, 아이들의 먹는 행위는 엄마의 보살핌을 받아들인다는 것을 의미할 수 있다. 관심을 이끌어내는 가족역동성의 역설은 음식제공 관계에서 풀려나간다. 왜냐하면 양육의 결과는 양육의 필요에서 나온 성장이기 때문이다. 엄마의 음식제공은 아이들에게 의존성을 가르쳐주고, 동시에 독립성을 향한 성장으로 전진해 나가도록 한다. 아이들이 성장함에 따라, 음식제공 관계는 변하여 커져가는 아이들의 자율성과 자신의 욕구를 만족해 줄 수 있는 그들 능력을 반영하게 된다. 상호 협조적으로 음식을 주고받음은 엄마와 아이들에게 자아주장과 평등관계에 필수적인 다른 사람의 인정(認定)과 함께 균형을 이룰 수 있는 방법 – 즉 음식을 주고받으며 생기는 정서적 관계를 유지하면서, 독립성 성장관계를 향해 나아가는 방법 – 이 될 수 있다(Benjamin, 1988, 재인용-)(Carole M. Counihan, 2005).

결국 유아들이 푸드라는 매체를 활용하여 자연스럽고 자유롭게 자신을 표현하며 이를 가지고 놀고, 먹는 과정의 푸드표현예술치료는 아이들의 육체적 욕구를 충족시키는 것과 동시에 놀이의 즐거움과 자유로움의 기쁨을 즉 정서적 안정을 함께 누릴 수 있게 되는 것이다. 또한 단순한 변형만으로도 아름답고 멋지게 만들어지는 푸드표현 활동을 통해 작품을 완성시키는 성취감도 맛보게 되며, 자신의 작품과 함께 다른 또래들의 작품을 보고 서로 느낌을 이야기하고 나누며, 경우에 따라서는 공동작품을 함으로써 작품을 만들어 가는 과정에서 서로의 생각과 의견을 듣고 주장하고 조율해가는 경험을 통해 사회적인 질서와 관계에서의 역동을 적나라하게 경험하게 된다. 간혹 갈등이나 일방적인 공격적 행동을 할 경우도 있으나 이때 서로의 기분이 어떤지를 솔직히 나누는 과정을 통해 서로를 이해하고 다음에는 어떻게 하면 좋을지 문제 해결을 위한 방법을 찾아보는 좋은 기회를 만들어 갈 수도 있다.

3. 유아의 정서적 표현능력 향상

정서적 표현능력은 자신의 감정을 알아차리고 조절하며, 이를 상황에 효과적인 방법으로 표현하며 타인의 감정을 이해하고 공감하며 상호적으로 표현할 수 있는 능력으로 이러한 정서적 표현능력이 적절히 발달될 경우 효과적이고 안정적인 대인관계를 유지하고 생산적인 상호작용을 할 수 있게 된다. 반면 자신의 부정적인 감정을 조절하지 못하고 부적절하게 표현할 경우 관계를 해치게 된다.

유아기의 정서조절능력은 성공적인 개인적 발달을 위한 필수적 요소 중의 하나로 유아기 또래 관계를 형성하는 데는 물론 유아기 이후 학업성취를 이루는 데도 중요하며, 성인이 되어 사회적 관계를 형성하는 데에 절대적인 영향을 미친다(유자은, 2018).

유아기 정서조절에 어려움을 겪는 아이의 경우 또래 관계에서도 따돌림을 당하거나 단체 활동을 하는 데 있어 생산성을 해치기도 한다. 이런 경험은 쉽게 분노하고 공격적으로 행동하게 되는 악순환을 만들어 가게 되며, 이런 악순환은 단순히 정서적 어려움에 그치지 않고 다양한 활동을 통해 학습하고 협력하고 성취의 경험을 만들어 가는 데 다양한 문제들을 겪을 수밖에 없으며 전반적인 발달에 영향을 미치게 된다.

사람들은 누구나 살아가며 다양한 감정들을 경험한다. 기쁨, 분노, 사랑, 슬픔, 좌절 등 긍정의 감정과 부정적 감정들을 매 순간 느낀다. 그러나 그런 감정들을 느끼는 그 순간 그대로 인식하지 못하는 경우가 있다. 사실 인간은 매 순간 20여 가지의 감정을 경험한다고 한다. 하지만 그 때 기분을 물어보면 그 중에 가장 두드러진 감정 중 하나에 대해서만 이야기 한다. 또는 그마저도 자신의 감정을 잘 못 찾아내는 경우도 많다. 푸드표현예술치료에서 가장 중요한 원칙 중의 하나가 감정 언어(Emotional Language)를 활용하여 자신의 작품활동 과정에서 경험한 것이나 자신의 작품에서 느껴지는 것이나 타인의 작품에서 느껴지는 것들을 이야기 하게 한다. 물론 유아들의 경우 성장 단계에 따라 감정 단어를 이야기하기 어려운 언어적 발달 단계에 있을 수 있다. 이 때 함께 하는 촉진자나 부모나 교사는 유아의 표정과 태도를 잘 관찰하여 그들의 감정을 공감적으로 반영하여 표현해주면 좋다. 예를 들어 "아까 귤을 받아 껍질을 벗길 때 기분이 어땠어? 엄마가 표정을 보니 기뻐하는 것 같았어.", "오이를 자르려는데 잘 안 잘려서 짜증이 나는구나?", "선생님이 여기 음식 재료를 주고 뭔가 만들어 보라고 했을 때 뭘 해야 할지 몰라 답답했을까? 아니면 뭘 만들지 생각하면서 즐거웠을까?" 유아가 가능하다면 이런 질문에 대해 감정단어를 반복하면서 자신의 감정을 하나하나 알아가고 어휘력도 점차 향상시켜갈 수 있을 것이다.

　푸드표현예술치료에서 중요한 효과 중에 하나가 푸드라는 매체를 이용하여 자신의 마음에 있는 것을 표현하는 과정을 통해 자연스럽게 카타르시스(감정해소)를 경험하는 것이다. 뭔가를 작품으로 표현한다는 것은 결국 우리 내면의 것을 표현이라는 과정을 통해 자신의 밖으로 시각적으로 표출해내는 것이다. 따라서 이런 작품활동은 그 자체로 해소의 효과와 함께 치유의 효과를 가지고 있다. 유아의 경우 아직은 언어적으로 자신을 표현하기에 제한을 가지게 된다. 그러나 작품활동을 통해서는 마음껏 자신을 표현해 낸다. 예를 들어 유아가 귤을 줬을 때 귤을 손으로 막 뭉개고 즙을 짜고 던지는 행동을 한다면 보는 사람에게 다소 불편감을 주고 절제되지 않는 행동이거나 과잉적이고 공격적이고 조절되지 않은 행동으로 보이겠지만 이 또한 아주 중요한 자신의 표현이며 자신의 내면의 어떤 것이 표출되는 상황으로 이해할 수 있다. 이 때 유아의 마음을 잘 읽어주고 오히려 상황이 허락된다면 안전한 공간에서 충분히 더 표현할 수 있는 기회를 준다면 정서적 안정을 찾아가도록 돕는데 도움이 될 수 있다. 물론 이 때 공동작업을 하거나 집단일 경우 다른 사람들에게 직접적인 피해가 가지 않도록 하는 규칙을 정하는 것은 반드시 필요하다. 또 필요하다면 별도의 시간을 갖고 표현할 수 있는 기회를 제공하는 것도 좋은 방법일 수 있다.

　푸드표현예술치료는 그런 측면에서 쉽게 뭉개지는 매체, 작은 힘으로도 부서지는 매체, 끈적이고 물컹거리는 매체, 딱딱하고 씹는 느낌이 있는 매체 등 다양한 매체를 활용하며 이를 먹어치우는 활동으로 이어갈 수 있음이 매우 큰 장점이다. 특히 먹어치운다는 의미는 없애버리거나 부수거나 소화시킨다는 의미와 함께 강력한 문제해결력의 의미도 부여하게 된다.

　감정의 적절한 해소의 경험은 정서적으로 안정을 찾아가는 데 가장 좋은 방법 중의 하나이다. 내면의 감정이 표현되고 해소 되었을 때 그 감정으로부터 조금씩 자유로워지며 그렇게 되었을 때 비로소 자신의 감정을 바라보고 인지하며 조절할 수 있게 된다.

한 가지 더 유아들의 정서조절에 있어서 매우 중요한 것 중의 하나는 자신의 감정에 대해 특히 부정적 감정에 대해 그것이 잘못되거나 문제가 있는 것이라는 인식보다는 모든 감정은 소중한 것이라는 것을 알게 하는 것이 중요하다. 그러기 위해서는 감정의 본질을 이해해야 한다. 예를 들어 엄마에게 화를 내는 유아가 있다면 엄마에게 화를 내면 안 된다는 훈육적인 태도로만 유아를 대하게 되면 엄마에게 화를 내는 것은 잘못된 것이며 결국 자신은 엄마에게 나쁜 아이라는 2차 감정인 죄책감을 가지게 된다. 이런 2차 감정은 유아의 자아존중감이나 자기 개념에 부정적인 영향을 미치게 되어 결국 자신감이 없고 스스로에 대해 부정적인 인식으로 인해 성인이 되어서도 대인관계와 사회생활에서 어려움을 겪게 된다. 가능하다면 유아의 화라는 감정에 대해 공감과 함께 밑의 마음을 읽어줌으로서 유아가 자신의 진짜 마음을 이해하게 도와줄 수 있다면 좋다. 예를 들어 화를 내는 아이에게 "엄마가 네가 말할 때 잘 들어주기를 바라는구나.", "선생님이 다른 친구와 공평하게 나눠주기를 원하는 거지?"

아이는 이런 말을 자주 듣게 됨으로서 차츰 화라는 감정을 표현하기 이전에 자신이 진짜 원하는 것이 무엇인지를 이야기 할 수 있게 될 것이다. 유아의 정서적 표현 능력은 겉으로 드러난 감정을 적절하게 표현하는 것과 함께 그 밑에 있는 참 마음을 표현할 수 있게 한다면 관계에 있어서 매우 효과적인 표현 능력을 갖게 될 것이다.

4. 유아의 자기조절능력

자기조절력이란 유아가 수용되는 행동을 하기 위해 스스로의 행동과 정서를 조절하는 것으로 정의할 수 있다. 자기조절력이 높은 유아는 타인의 감정을 민감하게 받아들이고 문제 상황에서 효과적으로 해결하며 부정적인 사회적 기술을 감소시키고 긍정적 사회관계를 유지 할 수 있다(Denham & Burton, 2003). 또한 유아기의 내면화된 자기조절력은 단기적인 발달뿐만 아니라 장기적인 발달의 기초가 되어 학교에서의 성공과 성인이 되었을 때의 성공을 예측하게 하며(최민수, 김명복, 2012; Zimmerman, 2001), 신중하고 자아존중감과 주의집중력이 높을 뿐만 아니라 협동적이고 유능한 성격적 특성을 가지는 경향이 있다(박근주, 서소정, 2014). 반면, 자기조절력이 낮은 유아는 대인관계의 상황에서 다른 사람의 의도에 대해 잘못 이해할 수 있으며, 타인이 느끼는 것을 공감하는데도 실패하거나 원만한 인간관계의 형성 뿐 아니라 대인관계에서 일어나는 문제나 갈등을 해결하는 능력이 부족하다(황미영, 2008). 또한 충동적이며 공격적인 행동을 보이고, 또래와의 상호작용에서 타인의 감정과 의도를 이해하지 못해 자신감이 없으며, 또래관계로 인한 사회적 적응에 어려움을 호소하기도 한다(Bodrova & Leong, 2008). 자기조절력이 낮은 유아는 주의집중 결핍, 과잉행동문제, 학습동기결여, 반항행동, 공격행동, 또래관계 갈등, 분노, 적대 감정과 같은 부정적 적응특성을 나타낸다(Mischel, Shoda, & Rodrigeuz, 1989; Kochanska, Akasn, & Koening, 1995; 김소영, 2013, 재인용). 따라서 유아기에 자기조절력을 발달시킬 수 있는 환경이나 경험을 제공하는 것이 필요할 것으로 보인다(장혜림, 2020).

    푸드 매체를 활용하여 프로그램을 진행하다 보면 먹는 것에 대해 억제가 잘 안 되는 아이들을 만나게 된다. 그런 아이들의 경우 기본적인 식탐이 있는 경우도 있지만 많은 경우 심리적 허기로 인한 행동으로 먹는 것을 통해 스트레스를 해소하려는 경향을 보이는 경우가 있다. 그럴 경우 개인이나 집단의 상황 등 조건에 따라 다르게 개입을 하게 된다.

    첫 번째 경우는 집단으로 매체가 제한된 양이라 표현을 하기 위해 조절을 해야 하는 등의 경우 처음부터 약간의 규칙을 만들어 작품을 표현하고 나서 먹기로 한다. 이 경우에도 푸드 매체를 만나는 의미로 자기가 선택해서 한두 개를 먹을 수 있도록 함으로써 지나친 억제를 하지 않도록 한다.

두 번째는 집단이 공동으로 매체를 사용하게 할 것인지 아니면 개인적으로 할당하여 개별로 사용하게 할 것인지에 대한 고민을 할 필요가 있다. 이것은 아이들의 성숙도나 프로그램의 진행 경과에 따라 다르게 선택할 수 있다. 예를 들어 일회성이고 시간이 충분하지 않거나 참여 아이들의 자기조절 정도를 신뢰할 수 없을 때는 개인적으로 매체를 분배해 주는 것이 효과적일 수 있다. 그러나 여러 회기를 진행하고 이를 다룰 수 있는 시간이 충분하거나 참여 아이들의 자기조절 능력에 대한 믿음이 있을 때는 집단이 매체를 공동을 자유롭게 사용할 수 있도록 하는 것이 좋다.

세 번째는 모든 매체나 과정에서 자기 선택을 할 수 있도록 하는 것이다. 이럴 경우 초기에는 다소의 갈등이나 불만이 생길 수도 있고 절제되지 않은 모습을 보일 수 있다. 그러나 지금까지 필자의 경험으로 보면 아이들은 회기가 거듭될수록 스스로 조절하는 능력이 발휘되고 타인을 배려하는 모습을 발견하게 된다. 정말 놀라운 아이들의 내면의 힘이 나타나게 되며 아이들도 자연스럽게 자신 안에 아름다움이 있음을 알게 된다.

5. 유아의 자기효능감 향상

자기효능감이란 주어진 과제를 수행함에 있어서 자신의 능력에 대해 스스로 판단하는 것을 의미한다(Schunk, 1981, 재인용). 즉 유아가 일상생활과 관련된 문제 상황에 직면했을 때 문제해결에 대한 방안을 세우고 실제로 수행할 수 있는 능력에 대한 판단을 자기효능감이라 한다(조여울, 2015).

21세기는 새로운 창조경제시대로, 단순한 지식을 축적하는 시대를 넘어 다양한 지식을 융합하고 그 과정에 창의적 사고를 더하여 새로운 스토리를 만들어 가는 감성과 꿈의 시대이다. 따라서 앞으로 고도화된 창의융합의 시대를 살아가야 하는 유아들에게는 지금까지와는 다른 패러다임의 학습과 성장, 발달 과정이 필요하다. 특히 그 중에서도 자신의 능력에 대한 믿음인 자기효능감은 그 어떤 것에도 우선되어야 하는 요소로 새로운 자신에 능력에 대한 신뢰 정도에 따라 필요한 분야에 대한 역량 강화뿐 아니라 그것을 펼쳐나가는 실행에 있어서도 절대적인 영향을 미치게 되는 것이다.

자기효능감은 성장과 발달의 과정에서 어떤 경험을 하느냐의 결과로 얻어지게 되며 인생의 전반적인 과정에서 형성되고 향상된다. 유아의 경우 태어나서 새로운 세계를 만나 탐험하고 탐구하는 과정에서 수없이 많은 시도와 도전 그리고 이어지는 성공과 실패를 경험한다. 이런 경험을 바탕으로 자신의 능력에 대한 또는 가능성에 대한 믿음이 형성되게 되며, 점차 성장하면서 그 영역이나 능력의 전문성이 확대되어 간다. 이런 결과로 유아는 자신의 과제 수행 능력에 대한 믿음과 기대를 갖게 되고, 실행에 옮기게 되는 것이다.

자기효능감은 스스로 성공한 과거의 경험인 성공경험(Enactive mastery experiences), 과제에 대한 간접 정보나 관찰한 경험을 통해 자신감을 얻는 대리경험(Vicarious experience), 성취능력을 가졌다고 말해주는 언어적 설득(Verbal persuasion), 사람이 불안하거나 부담스러운 상황에 처하게 되면 나타나는 정서적 각성(Emotional arousal)을 토대로 형성되고 변화하며 강화된다(조여울, 2015).

푸드표현예술치료는 특히 자기효능감을 향상시키기 위해 바로 이 네 가지의 요소를 충족시킬 수 있는 매우 효과적인 과정이 될 수 있다.

먼저 첫 번째로 성공경험이다. 푸드표현예술치료에서는 푸드라는 매체를 활용한다. 다양한 푸드 매체가 있지만 특히 자연에서 나오는 채소, 과일 등은 그 자체로 이미 자연의 아름다운 작품이다. 우선 자연의 색깔은 신비로울 정도로 아름답고 화려하며 어떤 경우는 우리의 마음을 편안하고 여유롭게 하는 힘을 가지고 있으며 모양에서도 완벽한 균형과 조화를 이룬 것이 자연의 매체들일 것이다. 더욱이 푸드표현예술치료에서는 우리가 일반적으로 만나게 되는 매체의 겉모양과 색깔만이 아니라 내면의 모습과 색깔 그리고 단면에서 보이는 다양한 심상을 만들어 내는 문양들은 그저 감탄을 자아내게 한다.

예를 들어 적양배추를 잘라본 분이라면 그 적양배추의 단면에서 보이는 변화무쌍하고 아름다우며 많은 심상들을 만들어 내고 있는 놀라운 것을 보게 될 것이다. 방울토마토도 그 반을 잘라 단면을 바라보면 어떤 때는 큰 나무가 보이기도, 성화가 나타나기도, 횃불이 타오르기도, 사랑의 하트가 튀어나오기도 한다. 놀랍지 않은가? 이렇듯 아름다운 푸드 매체로 단순한 변형을 통해 뭔가 작품을 만들 때 우리 자신도 예상하지 못한 멋진 예술품이 완성된다.

필자의 경우 푸드표현예술치료 수업을 진행하다가 참여자들로부터 스스로의 작품에 대해 스스로 놀라고 감탄하며 즐거워하는 모습을 심심치 않게 보게 된다. 바로 이것이 중요한 성공경험을 이어지며 '아, 나도 멋진 작품을 만들 수 있구나!' 같은 자신의 능력에 대한 믿음을 '아, 내 안에 이런 아름다움이 있었구나!'하는 자신에 대한 긍정적인 시각을 갖게 해준다. 유아들에게는 특히 이런 푸드라는 매체의 다양한 모습을 관찰하고 이를 활용할 수 있게 한다면 훨씬 자신의 자기효능감을 높일 수 있는 기회를 제공할 수 있다.

그리고 모든 과정이 횟수를 거듭할수록 점점 더 작품의 완성도가 높아지기는 하지만 특히 푸드를 활용한 작품의 경우 그 변화의 정도가 어떤 것보다 빠르며, 더 재미있는 사실은 초기 작품이 자신의 욕구가 많이 담겨 화려하고 풍요로울 경우 점차 표현에서 덜어내고 내려놓음으로 단순하면서도 여백을 주는 변화로 이어지기도 하고 초기에 간단하고 빠른 시간 내에 작품을 완성한 경우 점차 자신의 내면을 좀 더 세심하고 구체적으로 표현해 가는 변화로 이어지며 자신의 내면에 대한 이해와 그런 변화를 만들어 가는 자신에 대한 만족감을 만들어 가는 모습을 보게 된다.

두 번째 과제에 대한 간접 정보나 관찰한 경험을 통해 자신감을 얻는 대리경험의 경우 푸드표현예술치료에서는 작품을 만들고 자신의 마음을 표현할 때 자신의 작품에 대해서만 탐색하게 되는 것이 아니라 다른 사람들의 푸드 매체를 변형하고 다루는 방법이나 표현하는 모습을 보면서 모방을 하기도 하고 자신도 잘 하고 싶어 하는 의욕을 불러일으키게 된다. 특히 유아들의 경우 처음부터 스스로 하기 보다는 다른 사람들이 하는 모습을 보면서 따라 하면서도 자신만의 방법을 새롭게 시도하기 한다. 물론 지나치게 비교되거나 경쟁심이 과하게 되면 오히려 부작용이 생길 수 있기 때문에 유의해야 하며, 촉진자나 부모 또는 선생님이 함께 하는 모습을 보여주면서 유아의 잘 하고 싶어하는 욕구를 자극하는 것도 좋은 방법일 수 있다.

세 번째 성취능력을 가졌다고 말해주는 언어적 설득(Verbal persuasion)은 푸드표현예술치료뿐만 아니라 어떤 활동에서도 꼭 필요한 요소라 생각한다. 특히 푸드표현예술치료를 할 때 촉진자는 유아가 활동 과정에서 보인 태도나 표현 방식에 대해서도 유심히 관찰하여 이에 관심을 갖고 피드백해 준다면 유아들은 촉진자가 자신의 활동에 관심을 갖고 있다는 것을 인식하는 것만으로도 자신감이 생기고 의욕을 고취시킬 수 있다. 또한 작품에 대해서 매체 하나하나에 대한 관찰과 긍정적인 피드백은 다음엔 더 잘 해야겠다는 동기부여로 이어질 수 있다.

마지막으로 정서적 각성은 푸드표현예술치료를 처음 경험할 경우 또는 새로운 매체를 만났을 때 유아들은 다소 당황하거나 망설이게 된다. 이때 쉽게 개입하기 보다는 유아가 충분히 그런 감정을 경험하고 이를 스스로 극복할 수 있도록 믿고 지켜봐 주는 것이 중요하다. 필자의 경우 초보자일 때는 제시한 매체에 대해 황당해 하거나 "뭐를 하라는 거죠?"라는 질문을 받게 되면 내심 참여자들이 제대로 자신을 표현하지 못 하거나 안 하겠다고 거부하지는 않을까 불안하기도 하였다. 그러나 많은 경험이 쌓이면서 참여자들을 믿고 기다려주면 누구든지 스스로 그런 불편한 감정을 이겨내고 자신에게 믿음을 갖고 스스로 표현하게 된다는 것이다. 인간에게는 누구나 자기실현하려는 경향을 가지고 있다는 인간중심적 관점의 중요함을 확인하게 되는 순간이었다. 따라서 다소 시간이 걸리거나 어려워하더라도 할 수 있다는 응원과 함께 믿음의 눈길로 기다려 줄 때 아이들은 스스로 자기효능감을 높여간다.

6. 유아의 식습관 개선 효과

식생활이란 식문화, 식습관, 식품의 선택 및 소비 등 음식을 먹는 것과 관련된 모든 양식화된 행위를 말한다(보건복지부, 2015, 재인용). 식생활은 모든 생애주기에서 사람이 경험하는 매우 중요한 생활이지만 특히 성장과 발달이 활발하게 이루어지는 유아기의 식생활은 유아의 성장과 발달뿐만 아니라 성인이 된 이후의 식습관에도 영향을 미치므로 다른 시기의 생애주기보다 더 중요하다. 따라서 유아기에는 충분한 영양 섭취와 올바른 식습관을 형성하도록 돕는 체계적인 식생활 지도가 필요하다(임지희, 2016).

유아기 아이들은 좋아하는 음식과 싫어하는 음식이 분명해지는 특징이 있으며 싫어하는 음식을 주면 거부하거나 뱉어내기도 하여 식탁에서 큰소리가 나는 등의 갈등이 심화되기도 한다. 이런 특정 음식에 대한 편식은 지나칠 경우 유아의 신체적 발달에 영향을 미칠 수 있는 영양의 불균형을 초래하기도 하는 등 여러 파생된 문제들을 일으킬 수 있다.

보통 유아들은 새로운 것에 대해 두려워하고 낯선 것에 대해 거부하는 경향이 있으며, 이런 현상은 생후 6개월부터 시작되며 2세~5세에 가장 심해진다.

이런 유아들의 편식을 개선하기 위해 푸드표현예술치료는 그 과정 자체가 푸드와 놀며 다양한 경험을 제공함으로서 유아들의 푸드에 대한 거부감을 상쇄시킬 수 있는 좋은 기회를 준다.

특히 푸드표현예술치료는 음식재료라는 친숙한 소재를 활용하므로 다양한 계층의 사람들에게 거부감 없이 쉽고 편안하게 다가갈 수 있으며 놀이처럼 즐겁고 흥미와 재미를 유발하며 행복심리를 갖도록 해준다(김민용, 김지유, 2019). 이 과정에서 유아들이 싫어하는 푸드 매체를 즐겁고 행복했던 기억과 연합시킴으로써 싫어하는 정도를 조금씩 감소시킬 수 있게 된다. 이런 과정을 체계적으로 프로그램화 시킨 것이 푸드 브릿지 4단계이다.

푸드 브릿지는 생소하거나 거부감이 있는 음식과 친해질 수 있도록 단계별로 푸드 매체에 노출시키는 방법으로 1단계는 푸드 매체와 친해지기로 푸드 재료를 단순히 놀이 도구로 활용하여 다양한 푸드 매체와 함께 자주 접촉하도록 하는 방법이다. 예를 들어 파프리카를 싫어하는 아이에게 파프리카의 색깔이 뭔지 얘기해 보게 하거나 만져보면서 촉감을 느껴보게 하고 파프리카의 개수를 세는 놀이를 해보면서 파프리카

와 접촉할 수 있는 기회를 갖게 하는 것이다. 2단계는 1단계와 같은 싫어하는 매체에 간접적으로 노출시키는 방법으로 재료의 원래 모양을 전혀 알아볼 수 없게 잘게 자르거나 갈거나 즙을 내서 다른 매체와 섞어 모양이나 색깔 등으로 호기심을 일으키게 하는 방법이다. 예를 들어 오이를 싫어하는 아이에게 오이를 전혀 알아볼 수 없게 아주 잘게 다져 주먹밥을 만들거나 즙을 내어 수제비를 만드는 작업에 함께 참여하도록 함으로써 호기심과 함께 간접적인 노출을 유도한다. 3단계는 소극적 노출로 다른 재료와 섞어 아이가 거부감을 갖지 않도록 하는 방법으로 푸드 재료에 익숙해질 때까지 다른 여러 방식으로 반복 노출시키면 효과적일 수 있다. 2단계보다 조금 더 큰 크기로 자르고 다른 매체들과 섞어 다양한 음식을 만든다. 예를 들어 까나페나 햄버거 또는 샌드위치 등 아이들이 좋아하는 음식을 만들고 함께 먹는다. 4단계는 싫어하는 매체에 적극적으로 노출시키는 단계로 재료의 원래의 맛을 느낄 수 있도록 한다. 이 때 유아가 원하는 만큼 먹을 수 있도록 허용하며 강요하거나 어쩔 수 없이 먹는 상황이 연출되지 않도록 주의해야 하며 아이 스스로 선택할 수 있도록 한다.

놀이하며 배우는
유능한 유아

유아는 몸을 움직인다

• 유아는 몸을 움직이며 감각으로 세상과 만난다. 보고, 듣고, 냄새 맡고, 맛보고, 만지고, 온몸으로 움직이면서 세상과 교류한다. 파란 하늘, 향기 나는 꽃, 달콤한 딸기, 시원한 바람, 말랑한 찰흙, 가벼운 종이, 동그란 구슬 등을 온 몸으로 온 감각으로 느낀다.

• 유아는 마음껏 움직이며 쌓고, 돌리고, 부수고, 덧붙이며 무언가를 만들고 주변의 물체와 물질을 변화시킨다. 몸을 움직이면서 세상을 만나고 세상에 대한 경이로움, 즐거움, 기쁨, 성취감, 실패, 좌절 등을 느끼게 된다. 유아는 놀이하면서 몸과 마음을 마음껏 움직여 세상과 즐겁게 교류하며 건강하게 성장해 간다. 놀이 하는 유아는 몸을

움직이고 감각을 사용하여 세상과 교류하는 유능함을 가지고 있다.

• 유아는 몸으로 놀이하기 때문에 몸으로 위험을 감지할 수 있고, 이로써 안전하게 자신을 보호할 수 있는 힘을 가지게 된다.

유아는 하고 싶은 것을 스스로 선택한다

• 유아는 놀이를 하면서 자신이 원하는 것이 무엇인지, 그것을 어떻게 해 나갈 것인지에 답을 찾기 위해 적극적으로 탐색한다.

• 유아는 놀이에서 다양하게 시도한다. 만지고 싶은 것은 만지고, 움직이고 싶은 대로 움직인다. 하고 싶은 놀이를 선택하고, 놀이 방식을 결정하고, 놀이 규칙을 만든다. 스스로 결정하고 행동하는 자유로움과 주도성은 놀이하는 유아의 특성이다. 놀이하는 유아는 스스로 결정하고 참여하며 적극적으로 실행하는 유능함을 가지고 있다.

• 유아는 놀이에서 자존감, 자긍심, 자부심을 느낄 수 있다. 놀이하는 유아는 자신감 있고, 당당하게 세상을 살아가는 유능함을 가지고 있다.

유아는 상상한다

• 유아는 세상에 대해 궁금해 하고 알고 싶어 한다. 유아의 눈과 귀는 세상을 향해 열려 있다. 유아는 관심을 가지고 흥미가 있는 모든 것을 만져보고, 들여다본다. 유아는 호기심으로 놀이한다.

• 유아는 놀이하면서 호기심을 갖고 상상한 것을 창의적으로 탐구한다. 상상은 유아가 세상에 대한 호기심을 나타내는 방식이고 세상을 알아가는 방식이다.

• 호기심이 많고 상상력이 풍부한 유아는 자연과 일상에서 만나는 다양한 사물과 문제에 대해 스스로 탐구하고 자신만의 방법을 표현한다. 놀이하는 유아는 호기심을 갖고 상상하고 탐구하고 자신만의 방식으로 자유롭게 표현하는 유능함을 가지고 있다.

유아는 재미와 기쁨을 느낀다

• 유아는 놀이로 통해 아름다움과 감성을 느끼면서 자신의 감정을 다양한 언어로 자유롭게 표현함과 동시에 부정적인 감정을 해소하는 유능함을 가지고 있다.

유아는 주변과 관계를 맺는다

• 유아는 놀이하면서 자신이 잘할 수 있는 것과 다른 사람이 잘할 수 있는 것을 알 수 있으며 이를 통해 다른 사람과 소통한다. 그러면서 다른 사람의 감정을 소중히 여기고 서로 필요한 도움을 주고받는다.

• 유아는 놀이에서 다른 사람과 생각이 다를 때, 친구와 함께 놀고 싶을 때, 자신이 원하는 역할을 맡고 싶을 때 등의 여러 상황에서 발생하는 갈등을 풀어갈 수 있다. 상황을 지켜보기도 하고, 순서를 정하기도 하면서 더 나은 방법을 찾기 위해 협력한다.

• 놀이하는 유아는 세상과 소통하고, 협력하고, 배려하고, 돌보는 유능함을 가지고 있다.

유아의 놀이 의미

놀이는 자유롭다

- 놀이는 뚜렷한 목적을 가지고 계획된 활동으로부터의 자유를 포함한다. 유아는 자유롭게 놀이하는 흐름을 읽고 따라가야 한다. 그래야 노래의 특성이 살아난다.

- 놀이는 이미 정해진 규칙으로부터의 자유를 포함한다. 유아는 놀이하면서 더 나은 새로운 규칙을 생성하기도 한다.

- 유아는 놀이에서 경험을 자유롭게 선택하고 현실을 넘어서 상상하고 자유롭게 표현할 수 있다.

• 놀이는 특정 시간과 공간의 제약을 받지 않고 언제 어디서나 이루어 질 수 있다. 유아는 놀이할 때 필요한 상황을 만들어 낸다. 과거, 현재, 미래를 넘나들고 교실, 복도 등 영역의 경계를 넘어 놀이한다. 자유로운 놀이는 변명과 창조의 특성을 가지게 된다.

놀이는 주도적이다

• 유아는 놀이하면서 신체적, 사회적, 인지적으로 능동적이며 자발적인 참여를 끊임없이 이어간다. 내적인 동기는 자신의 신체, 정신, 행위를 스스로 통제하고 주의를 기울이고 끈기 있게 집중하게 한다.

• 내재적 동기가 놀이의 바탕이 되기 때문에 놀이 주체, 놀이자료, 놀이상대, 이야기 줄거리는 개인 또는 집단의 흥미와 관심에 따라 즉흥적으로 생성되고 소멸되고 연결되고 변화된다.

• 유아는 놀이하는 가운데 주도적으로 놀이 맥락을 생성하고 목표를 만든다. 놀이는 주도적 참여자인 유아가 스스로 적극적으로 세상을 알아 가는 여정이자 세상을 새롭게 창조하는 과정으로서 창의성을 담고 있다.

놀이는 즐겁다

• 놀이에서는 재미와 기쁨, 몰입, 실험, 마주침, 해소, 심미성, 유머 등의 정신적, 정서적 상태를 수반하는 즐거움이 있다. 때로는 재미와 기쁨이라는 정서를 넘어 몰입의

상태로 들어가기도 한다. 유아는 놀이를 반복하고 변화를 발견하는 재미를 가지며 놀이를 지속하기도 한다.

- 놀이하면서 유아는 감정을 싹 틔우며 새로운 물질의 성질과 현상 및 관계를 발견하며 상상한다. 호기심을 가지고 세상의 다양한 물질과 만나서 자유롭게 탐색하는 과정에는 유아 고유의 가설을 생성하고 실험하고 관찰하고 도전하며 문제해결을 하는 성취감과 즐거움이 있다.

- 놀이는 감정의 분출구가 되기도 하고 심미적 경험의 원천이 되기도 한다. 유아는 놀이에서 정서적 긴장, 두려움, 갈등을 해소하고, 따뜻함, 배려, 아름다움과 같은 심미성을 통합함으로써 즐거움을 경험한다. 비언어적 또는 언어적 유머는 놀이의 즐거움을 이루는 주요 특성이다. 놀이에서 유머가 사용되어 유희성이 증폭되면 즐거움이 강화되고 공유된다.

놀이하며 배우는 유능한 유아	⇨	추구하는 인간상
• 몸을 움직인다.	⇨	건강한 사람
• 하고 싶은 것을 스스로 선택한다.	⇨	자주적인 사람
• 상상한다.	⇨	창의적인 사람
• 재미와 기쁨을 느낀다.	⇨	감정이 풍부한 사람
• 주변과 관계를 맺는다.	⇨	더불어 사는 사람

03

아동의 푸드표현예술치료

1. 성공하는 7가지 습관 기르기
2. 자기 주도적 아이 되기
3. 부모-자녀 간의 대화
4. 아이 스스로 자기 개성을 찾게 도와주는 성공기술
5. 놀이와 아동

푸드표현예술은 오감을 이용해서 과거의 경험과 기억을 깨워 뇌와 협응이 이어져 무의식에서 의식세계로 이끌어주는 조형활동이다.

성공하는 7가지 습관 기르기

성공하는 사람은 어릴 때부터 독특한 습관을 지니고 있다.

그 습관은 성공적 환경요인과 밀접한 관계가 있다. 이 긍정적 환경요인으로 인하여 성공하는 사람이 된다. 이 7가지 습관은 어릴 때 길들어져야 한다.

첫째가 스스로 할 수 있는 습관 기르기이다. 타인이 시켜서 하는 일보다 스스로 이루고 싶은 일을 완성했을 때는 자랑스러워지고 끝까지 일을 해 내겠다는 자신감이 생긴다. 일을 시작할 때 자신감이 생길 수 있도록 힘을 북돋우는 말을 꼭 해 주어야 한다.

"너는 할 수 있어", "또 다른 방법은?", "우리 같이 해 보자!", "내가 도와줄게", "스스로 할 수 있어"

이러한 긍정적인 말을 듣고 자라나는 아이들은 일하는 즐거움 속에 생활하게 된다.

둘째, 목표를 정하고 시작하는 습관 기르기이다.

내가 무엇을 하고 싶은지 분명하고 확실하게 정해서 내가 꿈꾸는 꿈, 내가 하고 싶은 일을 하면 된다는 것, 나만의 미래 설계도 만드는 일이다. 그러기 위해 오늘은 어느 만큼, 목표량을 정해 놓으면 그 달성하는 기쁨을 맛볼 수 있어 성공감을 심어줄 수 있다.

목표 도달을 하기 위해, 계획을 세워 꿈을 이루게 하는 6단계의 실천 방법은 ① 목표 생각하기 ② 내 역할 나누기 ③ 목표 세우기 ④ 일주일 계획 만들기 ⑤ 행동으로 옮기기 ⑥ 생각대로 실천했는지 평가하기로 나눠볼 수 있다.

셋째, 소중한 것부터 먼저 하는 습관 기르기이다.

우리가 살아가자면 여러 가지 문제와 부닥친다. 단, 한 가지 일이라도 실타래처럼 꼬여 도저히 풀릴 수 없는 문제와도 만난다. 이러한 문제를 어느 것부터 먼저하는 것이 수월한지 경제적인지 살펴보고 분별할 줄 아는 능력을 기르는 지도가 필요하다.

넷째 승승(윈윈)하는 습관 기르기이다.

우리 사회는 자신만 행복하면 좋은 것이 아니라, 타인과 더불어 좋은 방법을 모색해 함께 행복하자는 것에 가치를 두고 있다.

내 눈으로 세상을 보는 것이 아니라 상대방 눈으로 세상을 보는 배려가 더 중요하

다. 친구도 좋고 나도 좋기 위해서 행동하는 용기 있는 마음이야말로 훌륭한 리더가 되는 꼭 필요한 마음이다. 자기 마음을 솔직하게 표현하는 습관 만들기도 필요하다. 자기 자신의 약속을 지키고 다른 사람의 약속도 잘 지켜야 한다.

다섯째, 잘 듣고 말하는 습관 기르기이다.
들기를 나타내는 들을 청(聽)자를 살펴보면 귀를 뜻하는 이(耳), 눈을 나타내는 목(目), 마음을 가리키는 심(心), 그리고 임금을 뜻하는 왕(王)으로 4가지 뜻이 함께 모여서 청을 이룬다. 듣는다는 것은 귀로 듣고 눈으로 듣고 마음으로 들어서 말하는 사람을 왕으로 모시라는 말이다.

5-3=2란 수학 뺄셈을 응용한 일상의 잘 듣는 습관을 기르자는 뜻으로 오해한 것을 세 번만 생각하면 이해가 되고, 2+2=4의 뜻은 이해하고, 또 이해하면 사랑이 된다는 뜻이 담겨 있다.

리더는 다른 사람 말을 들을 때 귀로서만 들어서는 안 되고 상대방의 눈을 통하여 마음과 마음으로 상대방이 하려는 말을 잘 들어야 한다.

친구가 무슨 얘기를 하든 친구의 이야기를 끝까지 들어 주는 태도가 필요하다. 앞서서 올바르게 말하는 방법을 사용해서 이야기하는 것이 중요하다.

여섯째, 시너지(Synergy)를 생각하는 습관 기르기이다.
시너지란 '도저히' 차이점 때문에 어울릴 수 없을 같은 대상이 만나서, '혼자서는 도저히' 할 수 없는 일을 해 내는 힘을 발휘하는 것을 말한다.

여기에서 가장 중요한 것은 서로의 차이점을 개성으로 이해하고 차이점을 통하여 더 나은 결과를 가져올 수 있음을 알고 협력하는 태도를 기르도록 하는 것이다.

"네가 틀린 거야." 라고 말하는 것이 아니라 "나랑 다르게 생각하는구나!" "그 의견도 참 좋다." 즉 틀림이 아니라 다름을 통해 제3의 대안을 생각하는 것, 그것이 시너지를 일으키는 가장 근원적인 힘이다.

그 중에서 무관심과 편견은 버려야 할 나쁜 습관이다. 이 무관심은 사람과 사람 사이가 멀어지고 시너지를 낼 수가 없다. 누군가와 이야기 하거나 들을 때는 관심을 가지고 열심히 듣고 말해야 한다. 마찬가지로 편견을 가지고 친구를 대하지 말고 새로운 눈과 마음으로 친구의 숨어 있는 능력을 찾도록 노력해야 한다, 서로 인정해 주었을 때 참된 우정이 생기고 서로의 장점을 찾을 수 있다.

일곱째, 건강한 습관 기르기이다.

몸도 건강하고 마음도 건강해야 생각이 올바르고 마음이 편안하다. 행동으로 실천해야 우리는 건강한 생활을 할 수 있다.

건강하다 함은 몸과 마음, 생각, 행동의 4가지가 맞물려 돌아갈 때 건강한 사람이라고 한다.

몸은 적당한 음식과 적당한 운동하기가 필수적이며, 마음은 착한 일 많이 하여 '마음 통장'에 저금을 많이 하는 것이다. 생각은 독서 많이 하는 한편 명상과 계획

세우고 실천하기로 그리고 행동은 책임감과 올바른 일을 하여야 하라 것이다.

그리고 리더로 갖춰야 할 3가지 필수품이 있는데 그것은 바로 좋은 성격(멋진 마음), 훌륭한 성품(큰 생각 주머니), 좋은 습관(넘치는 힘-에너지)이다.

여기에 또 중요한 일은 패러다임(Paradigm)을 바꾸는 일이다.

눈에는 우리 몸에 달린 눈도 있지만, 마음의 눈도 있다. 마음으로 보는 눈이 밝을 때, 마음의 생각 안경도 밝은 세상을 보게 되고 패러다임을 바꾸는 능력도 점점 자라게 될 것이다. 패러다임을 바꾸면 마음이 점점 커지고 좋은 성격, 훌륭한 성품, 좋은 습관을 가지게 된다.

자기 주도적 아이 되기

'세 살 버릇 여든까지 간다'는 말이 있다. 한 번 길들어진 습관은 좀처럼 바꾸기 어렵다는 말이다. 누군가 시켜야만 행동을 하고, 통제하지 않으면 다른 것에 빠지게 만드는 습관은 모든 것을 부모에게 의존하게 만든다. 이것은 부모의 과도한 욕심으로 인하여 아이를 망치게 된다.

부모의 외적 동기에 의한 학습을 장기적으로 시행하였을 경우, 아이들의 사고와 행동 면에도 나쁜 영향을 끼친다. 그 몇 가지 행동 특성을 살펴보면 우선 다양성이 없어지고 단순한 사고방식의 행동으로 바뀐다. 그리고 집중력 대신 산만하고 조급한 행동 양상을 보인다. 결국 꿈이 없어져 내가 무엇 때문에 공부를 하는지조차 모르게 된다. 내가 왜 공부를 하지? 공부하는 이유, 아이에게 내적 동기를 만들어주는 일이 아주 중요하다.

이 내적 동기는 생각하는 힘을 길러 평생 성적을 만들기 때문이다.

일반적으로 인간을 우뇌형의 인간과 좌뇌형의 인간으로 나눌 수 있다.

우뇌형 인간은 동물적 감각을 통해 빠른 판단을 하면서, 여러 가지 일을 한꺼번에 처리할 수 있는 병렬형 행동 양상의 특성을 가진 반면, 좌뇌형 인간은 논리적 판단으로 옳다고 생각하여야 행동하고 한 가지 일을 마쳐야 다음 일을 처리하는 순차형 행동 양상을 가진다. 동적인 사회를 구성하고 있는 사람들 중의 60~70%가 우뇌형 두뇌를 가진 현실에서 부모가 우뇌인 경우, 좌뇌형 자녀의 행동은 이해가 되지 않을 것이다. 우뇌형 아이는 빠르게 판단하고 행동하기 때문에 실수가 많고, 좌뇌형은 많은 생각을 한 후에 판단하기 때문에 실수가 적다. 부모는 자신들의 자녀가 우뇌형 인지, 좌뇌형 인지를 파악한 후 자녀의 특성에 맞게 교육을 하여야 한다.

책을 많이 읽어야 공부하는 힘이 생긴다. 이 공부하는 힘이 평생 공부의 원천이다. 책을 많이 읽으면 다음과 같은 여러 학습 능력이 향상됨을 알 수 있다.

첫째, 교과 내용의 핵심파악 능력이 향상되고, 둘째, 집중력과 지구력이 향상된다. 그리고 논리적 표현능력이 향상되는가 하면. 책읽는 속도가 빨라지고, 이해력이 향상된다.

자기주도학습은 학습효과와 학습의 질이 높아지고, 창의력이 향상된다. 독립심이 강해져 성적이 쉽게 흔들리지 않는다. 결국 꿈을 빠르게 이룰 수 있고, 시간적으로 여유가 생겨, 특기 적성을 개발할 수 있을 뿐 아니라 모든 면에 자신감을 가질 수 있다.

이 자기주도학습을 완성하기 위하여 부모의 역할이 절대적이다. 이 역할을 8가지로 요약하면 다음과 같다.

첫째, 당장 앞에 있는 것에 연연하지 말자.
둘째, 성격에 느긋한 마음을 갖자.
셋째, 부모의 긍정적인 언행이 중요하다.
넷째, 실천할 수 있는 학습 스케줄을 작성할 수 있도록 도와주자.
다섯째, 충분한 대화를 통해 문제점을 발견하자.
여섯째, 훌륭한 코치가 되어야 한다.
일곱째, 부모는 가장 훌륭한 교육자이다.
끝으로, 눈높이를 낮추어 믿어주는 자세가 필요하다.

자기주도학습은 아이의 포토폴리오를 만들어 주는 것이기도 하다.

1단계, 유아 시절은 알고 싶은 욕구가 왕성한 시기로, 언어발달과 사고 발달이 본격적으로 시작되는 시기라고 할 수 있다. 듣고, 말하기를 이용한 언어 발달, 사고 발달을 위한 생각하는 습관 가지기, 기본적인 생활 습관 가지기 등이 필요하다.

2단계는 초등1~3학년 초등 저학년 시절이다. 학교생활을 통해 본격적으로 규칙적인 학습이 시작되어 자신의 생각을 조금씩 표출하면서 자신의 생각대로 행동을 하게 되는 시기이다. 올바른 생활 습관과 학습 습관 및 생각하는 습관이 서서히 정착되어야 한다.

3단계는 초등, 4~6학년 초등 고학년 시절로 학습이 점차 어려워지면서 많은 학습 정보를 습득하게 되는 시기이다. 친구들과 본격적으로 사귀기 시작하면서 자기조절 능력을 형성하는 시기이기도 하다. 이 시기에는 조리 있게 말하기와 쓰기를 통해 논리적 표현능력의 완성도를 높여야 하며, 생활 습관, 학습 습관, 생각하는 습관을 완전하게 정착시켜야 한다.

4단계는 중학생 시절이다. 자라는 아이들이 본격적인 사춘기로 접어드는 시기이다. 이 시기에는 학습 정보 이외에도 많은 정보들을 접하게 된다. 만약 올바른 생활습관과 생각하는 습관이 형성되어 있지 않으면, 제멋대로 생각하고 행동하는 시기이기도 하다.

이 시기에는 고난도의 학습이 시작된다. 만약 공부하는 힘이 없고 학습 습관도 형성되어 있지 않다면 공부를 힘들어 하거나 공부를 포기하게 된다.

5단계는 고등학생 시절로 4 단계에 이르기까지 향상되었던 능력을 최대한 이용하여 성과를 만들어 내는 시기이다.

이미 장기적 목표는 설정되어 있고, 지금까지 다져온 공부하는 힘과 학습 습관 및 자신만의 공부 스킬을 이용하여 학습 목표를 달성하여야 한다.

자기주도학습을 위해 유아 때부터 독립심을 키워주는 것도 중요항 요소이다.

여기에 독립심을 키우는 생활 습관 3가지는

첫째, 스스로 잠에서 깨도록 하라.
둘째, 자신의 잠자리는 자신이 정리하도록 한다.
셋째, 준비물과 숙제는 자신이 하도록 한다.

어릴 때 습관이 아이의 미래를 바꾼다. 따라서 유아 때부터 좋은 습관을 가져야 하는 이유 세 가지는 다음과 같다. 첫째, 인간의 두뇌는 태어날 때 빈 생각주머니와 같으며 둘째, 부모의 말을 잘 듣는 시기이기도 하며, 셋째, 부모와 함께하는 시간이 많다는데 있다.

이러한 유리한 점으로 인해 꼭 유아 때부터 가져야 하는 좋은 습관 3가지를 말하자면 좋은 생활 습관과 학습 습관을 갖도록 하는 것이며, 생각하는 습관을 갖도록 하는 것이다. 그리고 한 가지는 말하는 습관을 가지도록 만들자는 것이다..

유아 때부터 시작하는 생각하는 습관 키우기는 결국 자기주도적 키우기로 귀결된다.

생각하는 아이와 생각하지 않는 아이는 행동에서 많은 차이를 보인다. 생각하는 아이는 같은 실수를 반복하지 않는 반면, 생각하지 않는 아이는 계속 같은 실수를 반복한다. 인간의 두뇌는 짧은 시간에 많은 것을 생각할 수 있는 정보처리 능력을 가지고 있다. 좁은 생각과 넓은 생각, 얕은 생각과 깊은 생각의 차이는 나이, 교육정도 등에 영향을 받는다.

부모-자녀 간의 대화

대화란 두 사람 이상이 말을 주고받는 것을 뜻한다. 그러나 말과 대화는 다르다. 대화는 주로 말로 하지만, 말은 대화가 아닐 수 있다. 혼자서는 말을 잘 하지만, 이외로 둘 이상이 모였을 때 대화를 잘 하지 못하는 사람이 많다.

말은 의사전달이어서 일방 통행적인 반면, 대화는 의사교환이어서 양방 통행적이다. 이처럼 대화는 상대방과의 관계 속에서 이루어지는 것이기 때문에 거기에는 감정이 실리게 마련이다. 어떻게 보면, 인간관계를 대화의 관계라고 해도 지나친 말이 아니다. 그래서 가정에서 자녀교육을 할 때의 부모와 자녀의 관계도 대화의 관계라고 말할 수 있다.

자녀와의 관계에서 부모는 어른이기 때문에, 그리고 부모의 권위가 있기 때문에 자녀와의 대화에서 말을 많이 할 가능성이 있다. 그래서 무엇을 말할까도 중요하지만, 어떻게 말할까가 더 중요할 때가 많다. 이 대화기법은 자녀교육에 있어서의 올바르게 대화하는 방법을 익히기 위한 것이다.

1. 의사 소통의 의의와 성립

의사 소통의 뜻은 커뮤니케이션(대화)이며 말이나 행동을 통해 의미를 전달하는 상호 교류 과정이라고 정의할 수 있다. 또한 여러 수단에 의한 정보 교환 및 자기 표현이라고도 할 수 있다.

의사 소통의 4요소는 말하는 사람; 정보를 보내는 사람(송신자)과 듣는 사람; 정보를 받는 사람(수신자) 다음으로 정보; 송신자가 보내는 내용 그리고 반응; 듣는 사람의 반응이나 응답(거절 또는 수락 의사)이 된다.

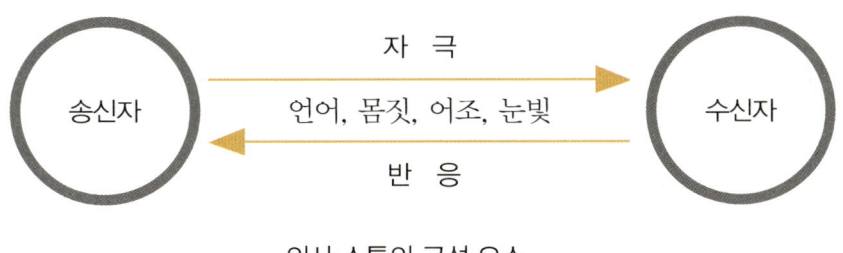

의사 소통의 구성 요소

2. 의사 소통 방법(효과적인 의사소통-communication)

의사소통은 언어적 기법과 비언어적 기법으로 크게 두 가지 종류가 있다. 언어적 기

법보다는 비언어적인 기법이 훨씬 청소년과의 대화에서 중요하다. 실제로 의사소통에 관한 연구 결과, 말의 내용은 전체 의사소통에서 7%만을 차지하고, 말투나 억양이 38% 정도, 몸짓이나 표정, 자세, 분위기와 같은 비언어적인 요소가 55%를 차지한다고 한다.

첫째 언어적 의사 소통 방법; 개인의 감정, 생각을 말 또는 글로써 전달하는 방법이 있다.

둘째 비언어적 의사 소통 방법; 몸짓이나 동작으로 정보를 전달하는 방법도 있다.
(얼굴 표정, 자세, 행동, 옷차림 등)

3. 의사 소통의 중요성

(1) 자신의 감정과 생각을 잘 전달하기 위함
(2) 사회 생활에서 만족스러운 인간 관계를 맺기 위함
(3) 상대방의 오해 소지가 없도록 정확히 듣고 표현하기 위함

4. 부모-자녀 관계의 의미

부모와 자녀와의 관계는 자녀의 출생 직후부터 혹은 태내에서부터 시작된다. 인간의 발달이 인생의 초기 경험에 의해 영향을 크게 받는다는 것은 잘 알려진 사실이다.

따라서 자녀의 어린 시기의 부모-자녀관계는 그들의 발달에 핵심적 역할을 한다.

부모와 자녀와의 관계는 오래 지속된다. 부모와 자녀는 특별한 경우를 제외하고 출생 직후부터 성숙할 때까지 계속 관계를 맺게 된다.

부모와 자녀는 많은 양의 상호작용을 한다. 자녀는 특히 어머니와 직접적이고 대면적인 관계를 많이 가지게 되므로 어머니로부터 받는 영향이 크다.

부모는 자녀와 가장 밀접한 관계를 유지하면서 자녀들의 문제해결방법에 많은 영향을 미친다. 자녀는 대중매체를 이용하거나 사회적 관계를 맺는 방법이 있다. 그리고 여러 가지 직업에 대한 정보습득 및 선택에 있어서 부모의 영향을 크게 받는다.

부모와 자녀는 광범위한 경험을 같이 한다. 자녀는 어린 시절에 어머니와 가장 다양하고 광범위한 경험을 하게 된다.

부모는 자기의 자녀에 대해 주된 책임을 진다. 부모는 누구보다도 자기자녀의 발달에 애정과 관심을 가지고 그들을 위하여 항상 노력한다.

5. 대화 시 부모님의 태도

부모는 말하기보다 듣기를 더 잘해야 한다.

잘 듣기, 즉 적극적인 경청은 자녀가 욕구 충족에 어떤 방해를 받아 문제가 생겼을 때 특히 중요하다. 적극적인 경청이란 자녀의 이야기를 비판 평가하지 않고 그대로 받아들이고, 자녀의 감정을 진심으로 이해하려고 노력하는 태도를 가지고 대화에 적극 참여하는 것을 말한다. 자녀의 이야기가 의미하는 바를 이해하고 비판 없이 그대로 자녀에게 전달하면 적극적으로 경청하는 것이다.

자녀가 기꺼이 말할 수 있도록 해야 한다

자녀가 부모와 이야기하려 할 때 자녀는 부모에게 문제를 이야기하여 이해 받고 위

로 받고 싶기 때문이다. 부모가 역할을 효과적으로 수행하느냐 하는 것은 바로 이때의 반응에 달려 있다. 잘 들어준다는 것은 자녀가 두려움 없이 솔직하게 자기의 생각과 느낌을 표현하도록 허용하는 것이기도 하다.

따라서 부모가 자녀의 의견에 대해 동의하지 않을 때에도 자녀의 감정을 받아들인다는 태도를 보여 줄 수 있어야 한다

자녀의 말에 마음과 귀를 기울인다.

잘 듣기 위해서는 듣는 것뿐만 아니라 보는 것에도 주의 집중이 필요하다. 얼굴 표정이라든가 눈빛, 자세나 어조 그리고 몸짓도 감정과 의미를 전해 준다. 부모는 자녀가 말로 하는 표현 이상으로 행동도 살펴보아 감정과 의미를 파악할 줄 알아야 한다.

비효과적인 말이 자녀를 반항적으로 만든다.

자녀를 지도하려면 부모는 자녀에게 부모의 생각과 느낌을 효과적으로 전달할 수 있어야 한다. 대부분의 부모들은 자녀가 자기의 이야기를 귀담아 듣지 않는다고 생각한다. 심부름 한 가지를 시키려고 해도 몇 번씩 되풀이 말해야 간신히 듣는다고 생각한다. 그러나 자녀의 입장에서 보면 부모가 몇 번씩 되풀이해야만 비로소 듣는 훈련을 받은 상황이 벌어지는 것도 사실이다.

비효과적인 말을 되풀이하다 보면 부모는 잔소리쟁이가 되고 자녀는 귀머거리라는 별명을 얻게 된다.

자녀와 이야기할 때 '너'로 시작하지 말고 '나'로 시작하자.

자녀와 이야기할 때 "너"로 시작하는 방법과 "나"로 시작하는 방법을 생각해 볼 수

있다. 자녀가 말을 듣지 않은 경우는 "나"로 시작하지 않고 "너"로 시작하는 말을 했기 때문일 수도 있다. "너"로 시작하는 말에는 자녀를 탓하고 비난하는 말이 담긴다. 자녀에게 잘못이 있다고 말하는 것이며, 말로 공격하는 것이다. 그리하여 자녀를 화나도록 하고 상처를 주며 자신을 가치 없는 존재로 여기게 한다. 이에 대한 대안이 "나"로 시작하는 말이다. 부모가 어떤 감정과 관심을 가지고 있는지를 솔직하게 표현하고 자녀가 부모의 감정

을 존중해 주리라고 믿는다는 것을 전달하는 방법이 "나-전달법"이다. 이 방법은 부모 자신이 중심이 되므로 자녀를 탓하지 않는다. 나-전달법은 부모나 자녀와 같이 어떤 개인에 초점을 두지 않고 자녀의 행동의 결과에 초점을 두고 이야기하는 것이다.

6. 아이와 대화를 나눌 때 부모가 가져야할 기본태도

먼저 자녀를 독립된 개인으로 본다. 그리고 자녀를 공감하고 이해 해야하며 자녀의 말을 다 수용해야 하고, 항상 진실된 태도를 가져야 한다.

7. 자녀의 버릇 고치는 대화법

버릇없는 자녀를 바로잡기 위해서는 올바른 대화 방법부터 익혀야 한다.
"들어줄테니 말해보라"고 하고는 "그러니까 잘못됐어"라며 시비를 가리려 드는 부

모들이 꽤 있다. 전문 상담기관인 한국청소년상담원은 단호하고 직접적인 대화법을 권한다.

즉 자녀의 행동을 규제할 때 '바람' 형식으로 말하지 않는다.
-지하철에서 조용히 했으면 좋겠다.(×)
-지하철에선 조용히 하는 거다.(○)

부모가 바라는 행동을 구체적으로 표현한다.
-너 이게 뭐하는 거야? 똑바로 못해?(×)
-어른이 말할 때는 끝까지 듣고 네 얘기를 하거라.(○)

아이 스스로
자기 개성을 찾게 도와주는
성공기술

1. 긍정적인 자아 존중감

낙천적인 성격을 형성하도록 돕는다. "난 할 수 있어!"라는 태도를 키워주고, 자신에 대한 강한 확신, 성공할 수 있다는 믿음을 준다.

이를 위한 4단계의 기술이 있다.

그 1단계는 '나는 너를 믿어'라는 메시지를 전한다. 다음 2단계는 성공을 강화하는 기대를 설정한다. 그리고 3단계는 스스로 강한 자기 신념을 갖도록 도와주는 일이며 끝으로 4단계에서는 마침내 '할 수 있다'라는 신념을 갖도록 돕는다.

아이에게 힘과 용기를 주는 말들에는 다음과 같은 말들이다.

"네가 해낼 줄 알았어!"

"예전보다 훨씬 좋아졌는 걸."

"그거 정말 좋은 생각이야"

"그래, 잘하고 있어."

"와, 정말 대단한 걸."

"점점 더 잘하게 되는구나."

"그동안 열심히 연습했구나!"

"매일 더 나아지는데!"

"나는 네가 정말 자랑스러워!"

"무척 감동적이구나."

그밖에도 대단해! 좋아! 최고야! 환상적이야! 오, 멋져! 해냈어! 맞아! 바로 그거야! 축하해! 나이스! 같은 말들을 자주 들려 줄 일이다.

2. 자아정체성을 끌어내어 강점을 계발한다

자신의 강점을 인식하고 한계를 뛰어넘어 자부심을 느끼며, 결국에는 잠재성을 이끌어내도록 돕는 일이 중요하다.

계발하기 위한 단계로 그 1단계에서는 아이의 독특한 강점과 자질들을 찾는 단계이며, 이어 2단계에서는 아이가 강점과 자질들을 직접 볼 수 있도록 이끌어주는 일이고, 마지막 3단계에서는 강점을 발달시킬 기회를 제공하는 일이다.

자아정체성을 이끌어내기 위한 방법으로 칭찬의 글을 써 주는 것도 좋다.

예를 들어 도시락 메모에 "미영아, 오늘도 아름다운 미소를 잊지 말거라, 저녁에 만나자, 아빠가."라든지 자석 메모에 "근호야, 할머니가 네 편지 잘 받았다고 하시는구나, 네가 너무 사랑스러우시데."라며 칭찬을 해 주는 메모가 있고, 포스트잇으로 "정민아, 책상 정리 정말 잘했더구나, 우리 아들" 이라 든지 베개 편지로 "수련아, 학교에서 그린 그림이 참 아름답구나, 넌 정말 예술적인 아이야, 잘 자렴! 사랑하는 엄마가."라며 칭찬하는 기술이 있다.

그리고 이와 동시에 이 칭찬을 받아들이는 법을 배우게 하는 일도 중요하다. 아이가 칭찬을 수용할 수 있도록 돕기 위해 간단한 칭찬을 표현하는 말을 써서 붙여두고 칭찬할 일이 있을 때마다 그 말을 사용한다. 아이가 칭찬받을 일이 있다면 머리를 쓰다듬어 주고 눈을 보며 부드러운 말로 칭찬을 해준다.

"알려줘서 고마워!" "고마워!" "네가 좋아하니 나도 좋다."
"고맙게 생각해." "그렇게 말해주니 고맙구나." 등이 있다.

재능을 키워주기 위한 부모 역할을 돕기 위한 기술로는 용기를 북돋아주는 데 중점을 두어야 하며, 연습시간은 즐겁게 하고, 재능을 키우기 위한 자원을 제공하여야 한다. 그리고 적극적인 관심을 보이며이기건 지건 아이 편에 서서 응원을 하는데 재능에 초점을 두는 일들이 중요하다.

3. 의사소통 능력

귀 기울여 듣고, 신중하게 말하는 능력을 키운다. 또한 상대방의 메시지를 정확히 파악함으로써 지식을 쌓고 오해를 줄이도록 한다.

1단계로는 터놓고 말할 수 있는 분위기를 조성하는 일이며, 2단계에서 비언어적인 메시지를 주고받도록 하고, 3단계에서 듣기 기술을 향상시켜서 마지막 4단계에서 비로소 의사소통 기술을 사용할 기회를 제공한다.

참고로 우리가 입으로 말하는 것은 단지 7%만 전달된다고 한다. 메시지 전하는데는 신체적 언어가 55%, 어조가 38%를 차지한다고 한다.

4. 문제해결 능력

문제가 발생했을 때 흥분하지 않고 차분하게 해결책을 찾으며, 책임질 수 있는 결정을 내리도록 자립심을 가르친다. 이를 위해 아이들에게 'STAND'의 5단계를 가르친다.

1단계 : S(Stop) – 중지하고 침착해진 후, 자신의 감정을 확인한다.
2단계 : T(Tell) – 문제가 무엇인지 말한다.
3단계 : A(Ask) – "대안이 무엇인가"라고 스스로에게 묻는다.
4단계 : N(Narrow) – 선택을 좁혀나간다.
5단계 : D(Decide) – 최선의 선택을 결정하고 실천한다.

5. 관계 형성 능력

친구들과 사이좋게 지내는 기술을 가르친다. 관계를 유지하고 촉진시키며 갈등을 해결하는 능력인 협동성을 키워준다.

여기에서도 단계별 지도가 필요한데 1단계는 아이의 사회적 강점과 약점을 파악하고, 2단계에서 친구 사귀는 법을 가르친다. 그리고 3단계에서 좋은 매너와 예의범절을 키우도록 하며 4단계에서 놀림, 괴롭힘, 따돌림에 대처하는 법을 가르친다.

6. 목표설정 능력

스스로 원하는 목표가 무엇인지 파악 파악하고 목표를 이루기 위한 과정을 계획하며 끝까지 노력할 수 있게 동기부여 한다.

먼저 목표의 의미와 가치를 가르친다. 그다음 목표의 방향을 결정한다. 그리고 나서 성공에 이르는 길을 계획하고 안내한다. 마지막으로 꼭 필요한 것은 목표달성을 축하하는 일이다.

7. 인내력

한번 시작한 일은 난관에 부딪히더라도 끝까지 해결할 수 있는 끈기를 가르친다. 실수가 모든 것을 결정짓는 것이 아니며, 노력이 성공을 만든다는 사실을 이해시킨다.

먼저 노력의 가치를 가르친다. 동시에 실수란 나쁜 것이라는 생각을 지워준다. 끝으로 회복하는 방법을 가르친다.

8. 배려의 능력

다른 사람의 욕구와 감정에 대한 교감능력과 민감성을 키운다.

애정 어린 배려의 역할모델이 되는 일과, 배려가 결여된 말과 행동을 바로잡아주는 일, 배려와 봉사활동을 격려하는 일, 타인의 감정에 귀 기울이는 민감성을 계발하는 일들이 중요하다.

놀이와 아동

1. 놀이의 특징

놀이의 힘은 비범하고 대단히 진지한 것이다. 아동이 자신의 능력을 사용하고, 성장하며 많은 기술을 배우는 가장 자연스러운 방법이다.

놀이시간은 성장을 돕는다. 놀이를 통하여 아동은 자신의 기본 욕구를 만족시키는 데 필요한 시간을 얻는다. 놀이는 어린이가 계획을 세우고 각 놀이 상황에서 최선의 것이 무엇인지를 판단하며 일련의 사건을 만들어 내고 통제할 기회를 모든 어린이에게 주고 있다.

놀이는 자발적인 활동이다. 놀이는 즐거움에서 시작하여 지혜로 끝나는 행복한 활동이다. 아동이 외부세계를 자기의 것으로 동화시키는 자율적인 활동이다. 놀이는 자기선택이 가능하기 때문에 각 아동은 자신의 능력을 확신하게 된다. 자율성과 자신감을 느끼게 한다.

놀이 세계는 유아 자신이 결정권자이며 놀이의 지배자이다. 놀이환경이 보다 사려 깊고 융통성 있게 조직될수록 아동은 더욱 자신감을 갖게 된다. 놀이는 아동의 의지력을 형성케 함으로써 그의 자아를 발달시킨다.

놀이는 아동에게 활동의 자유를 부여한다. 상상의 세계를 제공하여 현실과 환상을 모두 받아들이는 폭 넓은 세상을 경험하게 한다.

놀이는 모험요소를 가지고 있어서 아동의 자발적인 경이감과 탐색적 시도를 유발하는 불확실성과의 도전을 내포하고 있다.

놀이는 언어습득의 기초를 제공한다. 아동이 길고 짧음, 크고 작음, 높고 낮음, 둥글고 모남, 딱딱하고 부드러움 등을 시각적, 감각적, 촉감 등 오감으로 느끼고 필요한 명칭과 이름 붙이기를 잘 하도록 한다.

놀이는 대인관계를 형성하는 독특한 힘을 가지고 있다. 놀이를 통하여 아동은 또래와의 대인관계를 실습해 보고 집단의 지도능력과 타인에 대한 배려성을 배우게 된다.

놀이는 신체적 능력을 숙달시키는 기회를 제공한다. 신체놀이는 즐거움과 상쾌함을 제공하며 서로 협동하는 능력과 민첩함을 향상시켜 학습을 돕는다. 신체놀이 활동에는 아동자신의 기술이 적절한지를 스스로 알아볼 수 있는 기회도 가질 수 있게 된다.

놀이는 흥미와 주의집중 능력을 신장시킨다. 아동은 놀이할 때 그 자신이 학습자가 된다. 집중력과 날카로운 관심은 놀이가 의지력과 주의집중력을 보여 주고 있다는 증거가 된다.

놀이는 아동이 물질세계를 탐색해 나가는 방법이 된다. 모래, 물, 찰흙 및 나무와 같은 기본적인 물질들은 특별히 유아에게 매력적이며 이들을 가지고 조작하는 일에 몰두하게 된다. 또한 다양한 모양, 색깔 및 질감으로 만들어진 제품들은 상상력을 발휘하여 무엇인가를 만들고 배우고 하는 활동을 유발한다.

놀이는 성인의 역할을 학습하는 방법이 된다. 초기의 상상놀이에서 아동은 자신들의 생활에서 중요한 위치를 차지하고 있는 어른들의 행동과 태도와 언어를 재창조한다. 놀이는 성인의 역할을 연습해 보고 성인의 생활을 예견해 보는 것으로 간주될 수 있다.

놀이는 항상 역동적인 학습방법이다. 현실에 대한 유아의 지각은 흔히 환상놀이에서부터 싹터서 성장하게 된다. 자기 활동과 경험은 아동이 사실을 학습하고 습득하는 좋은 방법이다.

놀이는 아동의 판단력을 돕는다. 유아가 자신의 내부 가장 깊은 곳의 느낌과 사고를 연습해 보는 유일한 방법이다. 놀이를 통해 아동은 사물이 어떻게 작동되는지, 무엇으로 이루어졌는지를 분석하는 것이다.

놀이는 중요한 활력소 역할을 한다. 놀이활동은 성인뿐 아니라 아동에게도 신경생리적으로 중요한 영향을 미친다. 놀이는 일상생활에서부터 변형된 것이며 또한 문화적 욕구와 추구에서 변모된 것이다.

학교학습은 놀이를 통하여 구체화될 수 있다. 아동이 놀이에 쓰는 에너지는 학교학습에 들이는 에너지를 훨씬 능가한다. 자신의 목적을 위해 지식을 추구하도록 하는 것이 놀이이며 곧 학습이다.

2. 창의성 발달과 놀이

모든 아동은 가상놀이를 할 능력을 지니고 있다. 아동들은 자유롭게 이야기하고 상상할 수 있는 용기가 필요하다. 그래서 상상력을 발휘하는 재료들을 가지고 예술적이고도 미적인 경험과 도전의 범위를 넓혀줄 기회를 만드는 것이다. 지금 우리사회가 그래도 식생활이 하나의 즐거움으로 다가옴으로 풍부한 음식재료를 이용한 '푸드표현예술'이 아동의 상상력을 키우고 더 나아가 좋은 창의성 발달에 필요한 것이다.

웃음, 사랑 그리고 학습은 환상과 가장 밀접한 관계가 있다. 웃음 속에는 자신에 대한 해방이 있고 환상의 영역에는 유우머가 풍부하게 존재한다. 아동은 자신의 환상 세계에 대한 완전 통제기능을 갖는다. 아동을 만족시킬 수 있는 환경이 창의성을 키운다. 창의적인 놀이는 6~9세 아동에게서 가장 활발하다. 놀이는 중요한 생활 및 학습 방식이다. 집단으로 행동하는 것은 8~12세 아동의 생활양식이다. 다른 사람을 수용하고 자신이 원하는 활동을 하기 위해 집단과 클럽에 가입한다.

04

푸드표현예술 지도와 실제
(유아 편)

주제별 제목 및 수록동요

주제별 전개순서

주제별 참고 작품

지도 실제

푸드표현예술은 우리에게 맛의 감각을 느끼게 하며 만져봄으로써 그 촉감이 새로운 감각을 일깨워 주어 상상력을 충만하게 하여 다양한 창의성으로 우리의 깊은 마음을 표현하게 한다.

주제별 제목 및 수록 동요

단원	제목(주제)	수록 동요
1	푸드랑 우리 함께 놀자	머리 어깨 무릎 발
2	바나나야 놀자	똑같아요
3	뻥튀기야 놀자	사과같은 내 얼굴
4	밥아 우리 함께 놀자	그대로 멈춰라
5	깍두기를 담아보자	곰 세 마리
6	무말랭이를 만들자	바윗돌 깨뜨려
7	장아찌를 담가보자	작은 별
8	인절미를 만들자	산중호걸
9	양파링과 함께 놀자	내 동생
10	달걀과 놀자	아기 별
11	소금아 놀자	아기 염소
12	내가 좋아하는 것 만들자	생일 축하 노래
13	나무야 나와 놀자	낮에 나온 반달
14	고구마 감자 당근과 놀자	열 꼬마 인디언
15	채소랑 함께 놀자	누가누가 잠자나
16	식빵아 함께 놀자	올챙이와 개구리
17	꽃들아 나와 놀자	섬집 아기
18	김밥을 만들어 먹자	우리 모두 다 같이
19	초코파이야 놀자	겨울 나무
20	약차를 만들어 보자	아빠 힘내세요

주제별 전개 순서(20주제)

활동목표	주제 소개
놀이 준비하기	재료 준비
놀이 열기	재료 설명, 푸드 표현
놀이 평가	작품 설명, 서로 나누기
확장 활동	추가 작품 이야기 나누기
교사 TIP	주의사항, 연관 작품
작품 소개	참고작품 소개
⬇	
함께 해요	함께 느끼고 즐겨요
⬇	
함께 불러요	율동과 동요 노래하기

주제별 참고작품
(1 ~ 5)

순	학습목표	작 품
1	푸드랑 놀자 푸드놀이 비스킷	
2	바나나랑 놀자 소망나무 내면화	
3	뻥튀기랑 놀자 나의 얼굴 나의 생각	
4	밥이랑 놀자 주먹밥 밥의 중요성	
5	김치랑 놀자 깍두기 배추	

주제별 참고작품
(6 ~ 10)

순	학습목표	작품
6	무말랭이 말려서 저장 보관방법	
7	장아찌 무, 마늘, 깻잎 절이기	
8	인절미떡 찹쌀떡 시루떡	
9	자신의 생각 탑쌓기 양파링	
10	삶은 달걀 그림 그리기 알과 껍질	

제4장 푸드표현예술 지도와 실제(유아 편)

주제별 참고작품
(11 ~ 15)

순	학습목표	작 품
11	소금아랑 창의성 유연성	
12	만들기 비스킷 초코시럽	
13	나무야 놀자 야채 시리얼	
14	고구마 감자 당근	
15	채소랑 놀자 색상과 조화	

놀이를 통한 푸드표현예술치료

주제별 참고작품
(16 ~ 20)

순	학습목표	작 품
16	나의 생각 나의 꿈 식빵 위에	
17	꽃다발 예쁜 꽃 색종이	
18	김밥이랑 창의성 재료의 조합	
19	바퀴랑 이동수단 초코파이	
20	약차 만들기 녹차 유자차	

 # 푸드랑 우리 함께 놀자

활동 목표	♠ 친구들과 서로 사이좋게 활동을 할 수 있다. ♠ 자기의 생각을 다양하게 표현할 줄 안다. ♠ 푸드놀이 활동에 대해서 안다.
놀이 준비하기	비스킷, 과자류, 요구르트, 생수
놀이 열기	1) 푸드에 대하여 이야기 나눈다. 　- 차례대로 요리대 앞에 선다. 　- 푸드가 무엇인지 이야기한다. 　- 준비한 자료를 소개한다. 2) 놀이활동에 대한 이야기를 나눈다. 　- 교사가 사전에 활동한 작품을 보여준다. 　- 다양한 모양으로 꾸밀 수 있다고 이야기한다. 　- 자료를 활용할 때 주의점에 대하여 이야기한다.

3) 푸드놀이 활동을 전개한다.
- 준비한 자료를 가지고 재미있게 꾸며 본다.
- 다양한 방법으로 창의적으로 표현해 본다.

4) 친구들과 함께 작품을 감상해 본다.
- 푸드 작품을 보고 친구들과 서로 이야기를 나눈다.
- 자기의 생각을 말로 표현해 본다.
- 아름다움을 감상해 본다.

놀이 평가	1) 친구들과 서로 사이좋게 푸드활동을 했는가? 2) 다양한 방법으로 표현할 수 있었는가? 3) 자기가 표현한 작품을 이야기할 수 있는가?
교사 TIP	푸드활동은 창의성 예술적 감각을 기르고 독창성과 잠재력을 개발하여 창의적 체험활동을 하게 하여 교육활동에 많은 도움을 준다.

함께 해요

푸드 놀이는 이렇게 해요

- 시작 전에 예쁘게 노래 부르고
- 푸드 재료에 대한 설명 듣고
- 다섯 가지 감각 익히기 공부하지요.

다섯가지감각(오감)이란

1) **(눈)**으로 어떻게 생겼나 살펴보고
2) **(코)**로 냄새도 맡아 보고
3) **(입)**으로 먹어도 보고
4) **(귀)**에는 무슨 소리가 날까?
5) **(손)**으로 만져보고 느낌을 말합니다.

비스킷으로 오감을 느껴봅시다

- 눈으로 보니 연한 노란색과 갈색으로 보이며 네모난 모양입니다.
- 냄새는 건빵 냄새가 좀 납니다.
- 먹으면 바삭바삭하는 소리가 들립니다.
- 맛은 달콤하고 고소합니다.
- 만져보니 딱딱하지만 부서지고 구멍이 송송 나있네요

머리 어깨 무릎 발

가사

머리 어깨 무릎 발 무릎 발

머리 어깨 무릎 발 무릎 발

머리 어깨 발 무릎 발

머리 어깨 무릎 귀 코 귀

바나나야 우리와 함께 놀자

활동 목표	♠ 바나나 색깔과 모양을 안다. ♠ 바나나 놀이활동에 즐겁게 참여한다. ♠ 친구와 함께 공동작품을 만든다.
놀이 준비하기	바나나(개인별 1개), 8절지(2인 1장), 전지
놀이 열기	1) 바나나 놀이 방법에 대하여 이야기 나눈다. 　– 준비한 자료를 소개한다. 　– 두 사람씩 짝을 짓고 8절지 1장과 바나나를 나누어 준다. 　– 각자 바나나 껍질을 반쯤 벗겨서 껍질 부분을 손잡이로 벗겨진 부분을 칼날로 만들어 본다. 　– 만든 바나나 칼로 두 사람이 칼싸움을 하며 바나나에 대한 흥미를 돋구어 준다. 2) **바나나 껍질과 속을 이용하여 표현해 본다.** 　– 교사가 사전에 바나나를 이용하여 활동한 작품을 보여준다.

- 두 사람이 8절지 용지에 바나나를 이용하여 재미있게 표현해 본다.
- 두 사람이 활동한 작품을 서로 얘기하며 느낌을 이야기해 본다.

3) 큰 전지에 바나나를 가지고 유아 모두가 참여하여 작품을 만든다.

- 참여한 유아들에게 교사가 주의점에 대하여 이야기한다.
- 각자 바나나 껍질을 가지고 무엇을 만들 것인지 유아들에게 의견을 물어본 후 함께 즐겁게 참여하도록 지도한다.
- 소망나무 또는 우리가 살고 있는 곳, 살고 싶은 곳 등의 예를 들을 수 있다.

4) 친구들 모두 함께 소망나무를 만든다.

- 소망나무를 만들어서 자기 자신의 소망을 하나씩 이야기한다.
- 글자나 그림으로 자신의 소망을 표현해 볼 수 있다.

놀이 평가

1) 바나나 색깔과 모양을 알 수 있었는가?
2) 친구들과 함께 공동놀이 활동에 즐겁게 참여하였는가?
3) 작품을 감상하며 자신의 소망을 이야기할 수 있었는가?

교사 TIP

표현한 작품을 관찰하여 유아 자신의 내면화된 행동을 파악할 수 있다.

함께 해요

신나게 풍선 놀이 해요

1) 놀이 목표
- 친구의 얼굴을 표현해 본다.
- 친구와 서로 이야기 나누며 친밀감을 가진다.

2) 준비물
- 풍선, 색매직(빨강, 파랑, 검정 등), 굵은 실

3) 놀이 열기
- 친구 얼굴 특징을 서로 이야기 나누며 서로의 친밀감을 가진다.
- 풍선을 나누어 주고 색매직과 굵은 실을 나누어 준다.
- 친구 얼굴을 보며 특징을 살려 얼굴을 그린다.
- 먼저 머리(얼굴)만 그린다.
- 풍선을 머리 크기만큼 입김을 불어 넣는다.
- 친구 얼굴 풍선에 머리털, 눈썹, 눈, 코, 입, 귀를 그린다.
- 다 그려서 실에 매단다.
- 2명씩 짝을 지어 배드민턴 놀이를 하게 한다.
- 유아끼리 서로 부딪치지 않게 주의한다.

똑같아요

가사

무엇이 무엇이 똑같은가

젓가락 두 짝이 똑같아요

무엇이 무엇이 똑같은가

윷가락 네 짝이 똑같아요

 # 뻥튀기야 웃으며 놀자

활동 목표	♠ 자신의 생각과 느낌을 표현할 수 있다. ♠ 나의 얼굴을 꾸며 볼 수 있다.
놀이 준비하기	뻥튀기과자, A4용지, 요구르트, 음악 감상자료
놀이 열기	1) 놀이 활동에 대하여 이야기 나눈다. 　– 준비한 자료를 소개한다. 　– 준비된 자료를 가지고 무엇을 만들면 좋을지 의견을 물어본 후 배움 주제에 따라 활동을 전개한다. 　– 교사가 먼저 활동한 내용을 소개하며 놀이 규칙에 대하여 이야기한다. 2) 놀이 활동 방법 및 놀이 활동을 전개한다. 　– 유아들에게 뻥튀기와 A4용지 1장씩 나누어 준다. 　– 뻥튀기 놀이 시 잘 부서지는 성질이 있음을 알려 주며 주의점을 이야기한다. 　– 활동 전개하기 전에 눈을 감고 조용한 음악을 들으며 내

모습을 그려 본다.

- 내 모습 중 얼굴 형상에 대하여 알아본다.

3) 뻥튀기를 가지고 놀이 활동을 한다.

- 뻥튀기를 가지고 내 얼굴 모습을 나타내 본다.
- 뻥튀기를 먹으면서 내 얼굴 모양을 꾸며 본다.
- 창의적으로 내 얼굴 모습을 꾸며 본다.

놀이 평가	1) 내 얼굴을 꾸밀 수 있었는가? 2) 놀이 활동에 즐겁게 참여하였는가? 3) 뻥튀기를 먹으면서 즐길 수 있었는가?
확장활동 평가	동물가면, 기호, 형상, 다양한 모양을 꾸며 볼 수 있다.
교사 TIP	뻥튀기는 활동 중에 깨지는 경우가 많다 이럴 때 새 뻥튀기를 주어서 자신의 역경을 다른 사람의 도움으로 쉽게 넘어가기 보다는 자신의 문제를 자신이 해결할 수 있는 힘이 있음을 알려 주고 격려해 줌으로써 쉽게 좌절하거나 포기하지 않는 자아와 탄력성을 키울 수 있는 좋은 기회가 될 것이다.

함께 해요

뒤뚱뒤뚱 아기곰

1) 놀이 목표
- 동물의 움직임을 관찰하고 그 특징을 표현한다.
- 다리의 근육을 튼튼히 하고 평형감각을 기른다.

2) 준비물
- 호루라기, 비닐장갑

3) 놀이 열기
- 아기 곰처럼 천천히 발을 크게 해야 하나?
- 어떻게 걸어 볼까요?
- 발이 네 개니까 손에 비닐장갑을 끼어서 손과 발로 엉금엉금 느리게 기어본다.
- 호루라기도 규칙을 정한다.
    - **한번 후 불면** : 멈추기
    - **두 번 후후 불면** : 발과 손으로 엉큼엉큼 기어본다.
    - **세 번 후후후 불면** : 빨리 기어본다.
    - **네 번 후후후후 불면** : 서서 걷기.
    - **다섯 번 후후후후후** : 온몸으로 서서 두 손을 흔들기.

함께 불러요

사과 같은 내 얼굴

김방옥 요
외 국 곡

가사

사과 같은 내 얼굴 예쁘기도 하구나
눈도 반짝 코도 반짝 입도 반짝 반짝

오이 같은 내 얼굴 길기도 하구나
눈도 길쭉 귀도 길쭉 코도 길쭉 길쭉

호박같은 내 얼굴 우습기도 하구나
눈도 둥글 귀도 둥글 입도 둥글 둥글

 ## '밥'아 우리와 함께 놀자

활동 목표
♠ 밥의 중요성을 알게 한다.
♠ 주먹밥의 특성을 알고 그 맛을 즐긴다.

놀이 준비하기
찹쌀밥, 볶은 검은 깨, 소금 약간, 접시, 비닐장갑, 물 있는 접시, 전기밥솥, 볼, 주걱

놀이 열기
1) 놀이 활동에 대하여 이야기 나눈다.
   - 밥에 대한 이야기를 나눈다.
   - 곡식에 대해 이야기한다.
   - 주먹밥은 어떻게 만들까?

2) 놀이 활동 방법 및 놀이 활동을 전개한다.
   - 손을 깨끗이 씻는다.
   - 요리하기 위해 준비된 곳으로 간다.
   - 요리의 순서표를 확인한다.
   - 순서대로 요리한다.

3) 주어진 재료 가지고 놀이 활동을 한다.
- 재료와 도구를 알아본다.
- 여러 가지 모양의 주먹밥을 만들게 한다.
- 김 가루를 뿌린다.
- 만든 주먹밥을 먹어본다.

놀이 평가

1) 주먹밥 모양을 재미있게 만들었는가?
2) 밥의 중요성을 알고 있나?
3) 주먹밥 특성을 알고 맛있게 먹었는가.

확장활동

음식이 부족하다면?
음식에 대한 귀중함을 느끼게 한다.

교사 TIP

찹쌀밥을 미리 준비해 둔다.
뜨겁지 않게 주의하게 한다.
'볼'에 담아 준다.

함께 해요

창의성 향상하기

1) 놀이 목표
- 밥 짓기 방법을 알아보게 한다.
- 오감으로 밥 상태를 살펴보고 쌀의 변화 과정을 알게 한다.
 (모양, 맛, 색, 느낌, 냄새)

2) 준비물
- 쌀, 물, 냄비, 계량 컵, 휴대용 가스렌지

3) 놀이 열기
- 적당한 양의 쌀을 그릇에 담는다.
- 쌀을 깨끗이 씻는다.
- 냄비에 쌀을 담고 쌀 1.2배 정도의 물을 붓는다.
- 냄비를 불 위에 올려놓는다.
- 밥이 끓으면 불을 약하게 하여 뜸을 들인다.
- 밥이 다 되면 불을 끈다.

＊불을 사용할 때 주의사항을 이야기하고 불을 바르게 사용하는 법과 불이 꺼졌을 때 기구를 다루는 법을 이야기한다.

그대로 멈춰라

가사

즐겁게 춤을 추다가 그대로 멈춰라
즐겁게 춤을 추다가 그대로 멈춰라
서 있지도 말고 앉지도 말고
눕지도 말고 움직이지마
즐겁게 춤을 추다가 그대로 멈춰라
즐겁게 춤을 추다가 그대로 멈춰라

 ## 깍두기 물김치랑 놀자

활동 목표	♠ 우리나라 고유의 음식인 김치를 만든다. ♠ 무를 이용한 깍두기 담기를 한다.
놀이 준비하기	무, 당근, 소금, 도마, 칼
놀이 열기	1) 놀이 활동에 대하여 이야기 나눈다. - 김치의 종류에 대해 이야기한다. - 깍두기 김치에 대해 이야기한다. - 담그는 순서를 이야기한다. 2) 놀이 활동 방법 및 놀이 활동을 전개한다. - 절인 무 대신 생무를 잘게 썬다. - 당근, 파를 썰어 둔다. 3) 주어진 재료 가지고 놀이 활동을 한다. - 깍두기, 물김치를 먹어본다. - 숙성 전의 즉석 물김치에 대해 이야기한다.

놀이 평가
1) 고추, 마늘이 들어가지 않는 숙성 안 된 물김치 맛은?
2) 동치미는 어떻게 담그나?
3) 소금의 역할은?

확장활동
배추통김치, 백김치에 대해 이야기한다.
숙성의 시간과 익은 맛을 이야기한다.
동치미, 열무김치 등도 이야기한다.

교사 TIP
김치는 우리나라 고유의 음식이며 풍부한 유산균을 제고하기 위해 소금에 절여서 단지에 넣어 일정 기간 동안 숙성시킴.

김치 만드는 '의성'(소리) 같이 해요

- 쭈욱쭈억쭉 : 배추 뽑는 소리
- 쏵쏵쏵쏵 : 배추 씻는 소리
- 쓰삭쓰삭 : 배추를 나누는 소리
- 싹뚝싹뚝 : 파, 미나리 등을 자르는 소리
- 버물버물 : 김치를 섞는 소리
- 냠냠냠냠 : 김치를 먹는 소리

김치 동시 불러요

쭈욱 쭈욱 쭉
쏵 쏵 쏵
쓰삭 쓰삭
싹둑 싹둑

톡 톡 톡
버물 버물
조물 조물
냠 냠 냠

아~이 맛있다.

— 이윤철 동시 〈김치〉

빨강치마 배추김치
둥글둥글 총각김치
나박 나박 깍두기

출렁 출렁 물김치
길쭉 길쭉 오이 김치
우리들은
김치가족이예요

— 이윤경 동시 〈김치 가족〉

함께 불러요

곰 세 마리

가사

곰 세 마리가 한집에 있어~

아빠곰 엄마곰 애기곰

아빠곰은 뚱뚱해

엄마곰은 날씬해

애기곰은 너무 귀여워

으쓱 으쓱 잘한다~

 # 무말랭이와 놀자

활동 목표	♠ 무의 변화에 대해 안다. ♠ 관찰력을 기른다.
놀이 준비하기	무, 관찰 기록지, 실, 바늘, 도마, 칼, 소쿠리

놀이 열기	1) 놀이 활동에 대하여 이야기 나눈다.
	     - 무를 어떻게 말리면 좋을지 대해 이야기 나눈다.
	     - 요리 순서표를 보고 순서를 이야기한다.
	     - 무를 어떻게 말리면 좋은가를 이야기한다.
	
	 2) 놀이 활동 방법 및 놀이 활동을 전개한다.
	     - 무를 씻는다.
	     - 알맞은 두께로 무를 썬다.
	     - 실로 꿴다.
	     - 그늘에 걸어서 말린다.

3) 주어진 재료 가지고 놀이 활동을 한다.
- 말린 무는 어디에 사용하는가?
- 어떤 음식을 만들가?
- 무 보관 방법은 어떤 것이 있는가?

놀이 평가	1) 무에는 어떤 영양소가 있는가? 2) 무의 변화를 잘 알고 있는가?
확장활동	말려서 보관하는 음식재료는 어떤 것들이 있는가? 감, 호박, 생선 등은 어떻게 말리는가?
교사 TIP	관찰력을 길러준다. 말리는 방법 외에 음식 재료를 오랫동안 보관하는 방법을 이야기해 준다.

함께 해요

웃으면 즐거워요

1) 활동목표
- 기쁘고 즐거울 때는 크게 소리 내어 웃는다.
- 잘 웃는 방법을 알게 한다.

2) 놀이 준비
- 풍선(여러 가지 색깔 있는 것)

3) 놀이 열기
- 각자 1개 풍선을 불어서 공중 위로 던진다.
- 던질 때마다 웃는다.(하하 호호 히히)
- 제일 높이 올리는 사람이 앞으로 나오게 한다.
- 높이 올려서 내려올 때까지 웃게 한다.
- 크게 "하" 소리를 낸다.
    크게 "하하" 소리를 낸다.
    크게 "하하하" 소리를 낸다.
    크게 "하하하하" 소리를 낸다.
    크게 "우-하하하하하" 소리를 10초 이상 낸다.
- "좋아해" "미안해" "맑게" "밝게" "환하게" "예쁘게"라고 말하고 "하하하하" 웃는다.
- 박수치면서 웃는다. "아-하하하" "오-하하하" "이-하하하"

바윗돌 깨뜨려

가사

1. 바윗돌 깨뜨려 돌덩이 돌덩이 깨뜨려 돌멩이
   돌멩이 깨뜨려 자갈돌 자갈돌 깨뜨려 모래알

2. 도랑물 모여서 개울물 개울물 모여서 시냇물
   시냇물 모여서 큰 강물 큰 강물 모여서 바닷물

후렴) 라라라라라 라라라 라라라라라 라라라

장아찌야 우리와 놀자

활동 목표	♠여러 가지 야채와 이름과 특징에 대해 안다. ♠야채의 저장법에 대해 안다.
놀이 준비하기	무, 마늘, 깻잎,
놀이 열기	1) 놀이 활동에 대하여 이야기 나눈다. 　- 장아찌를 먹어본 경험에 대해 이야기 나누기 한다. 　- 무 장아찌는 어떤 맛일까 이야기 나눈다. 　- 준비한 재료를 소개하고 참고작품도 보여준다. 2) 놀이 활동 방법 및 놀이 활동을 전개한다. 　- 무, 고추, 깻잎을 준비한다. 　- 간장, 고추장, 된장을 작은 항아리에 담아 나누어 준다. 3) 주어진 재료 가지고 놀이 활동을 한다. 　- 간장 항아리는 간장, 식초, 설탕의 비율을 1 : 1 : 1로 첨

　　　　　　　가한다.
　　　　　　　- 고추장, 된장 항아리는 다른 것을 첨가하지 않는다.
　　　　　　　- 실제로 간장, 고추장, 된장 항아리에 넣는 방법을 알려
　　　　　　　 준다.

놀이 평가	1) 채소와 짱아찌는 무엇이 다른지 아는가? 2) 맛과 모양과 냄새는 어떻게 다른가? 3) 음식에 대한 생각은 어떤가?
확장활동	우리나라 고유의 여러 장아찌는 어떤 것이 있는지 무슨 재료로 만들어는지 알아본다.
교사 TIP	장아찌들을 미리 준비하여 직접 맛보게하고 만드는 방법과 우리 전통음식의 좋은 점을 알린다.

함께 해요

항아리 속 장아찌 꺼내오기

1) 목적
- 장아찌에 대해 알게 한다.
- 우리 음식에 대해 친밀감을 갖게 한다.

2) 게임 준비
- 주사위, 말, 게임판, 장아찌 항아리(무, 오이, 감, 깻잎), 바구니
- 출발 지점에서 적당한 거리에 장아찌 항아리를 둔다.

3) 게임 열기
- 순서를 정한다.
- 주사위를 던진다.
- 주사위 숫자만큼 출발점에서 항아리 놓인 쪽으로 길을 따라 가까이 다가간다.
- 도착하면 항아리 속에 장아찌 한 개를 꺼내어 다시 출발점으로 되돌아와 자기 바구니에 담고 같은 방법으로 반복한다.
- 항아리 속에 장아찌가 다 없어지면 게임이 끝난다.

 # 인절미야 우리랑 놀자

활동 목표
- ♠ 인절미의 특성에 대해 안다.
- ♠ 인절미에 친근감을 가진다.
- ♠ 재료의 물리적 변화 과정을 탐색한다.

놀이 준비하기
요리 순서표, 찹쌀, 설탕, 콩가루, 소금, 절구, 도마,

놀이 열기

1) 놀이 활동에 대하여 이야기 나눈다.
   - 인절미에 대해 이야기 나눈다.
   - 어떤 재료가 필요한지 이야기한다.
   - 요리 순서를 함께 읽는다.

2) 놀이 활동 방법 및 놀이 활동을 전개한다.
   - 필요한 재료를 하나씩 살펴본다.
   - 요리 순서대로 실행에 들어간다.
   - 미리 전기밥통에 찹쌀밥을 해놓는다.
   - 절구에 넣어 떡찧기를 한다.
   - 알맞은 두께로 자르고 콩고물을 묻힌다.

3) 주어진 재료 가지고 놀이 활동을 한다.
- 나누어 먹어보고 소감을 이야기한다.
- 콩고물의 역할을 말하게 한다.
- 콩고물 외의 것도 생각해 본다.

놀이 평가	1) 인절미의 특성은 무얼가? 2) 인절미에 친밀감을 가졌는가? 3) 찹쌀떡은 먹어보았는가?
확장활동	가래떡은 어떤 것인가? 어떻게 만드는가? 찹쌀떡, 시루떡, 송편은 무엇일까?
교사 TIP	찹쌀 불리기와 과거 솥에서 찌는 것과 요즈음 전기밥통을 이용하는 것에 대해 설명한다. 오곡에 대해 말해주고 요즘 떡집에서 만들어지는 떡 종류도 같이 이야기한다.

함께 해요

떡 소리 - 동시 (이예지)

쿵덕 꿍 쿵더 꿍, 떡방아 찧는 소리
철석 철석, 떡치는 소리
참 맛있겠다.

소르르 소르르, 떡 찌는 소리
솔솔 솔솔, 떡 냄새 맡는 소리

싹싹 싹싹 떡 써는 소리
스르르 스르르 콩고물 무치는 소리
참 맛있겠다.

쏘독 쏘독 떡 넣는 소리
냠냠 쩝쩝 떡 씹는 소리
꿀꺽 꿀꺽 떡 먹는 소리
참 맛있겠다.

인절미
"인절미 떡은 팥고물에, 콩고물에
화장을 하고
빨간 쟁반 위에 가마 타고
어서 가자 목구멍으로
헤이 꼴딱꿍"

산중호걸

제4장 푸드표현예술 지도와 실제(유아 편)

 # 양파링이랑 함께 놀아 보자

활동 목표
♠ 자신의 생각과 느낌을 표현할 수 있다
♠ 공부에 대해 생각해 볼 수 있다

놀이 준비하기
양파링, A4 용지, 접시, 방울초콜릿, 음악 감상자료

놀이 열기

1) 놀이 활동에 대하여 이야기 나눈다.
 - 준비한 자료를 소개한다.
 - 양파링을 가지고 무엇을 만들면 좋을지 생각한다.
 - 참고자료를 보고 만들 작품을 상상해 본다.

2) 놀이 활동 방법 및 놀이 활동을 전개한다.
 - 놀이 준비물을 각각 나누어 준다.
 - 활동목표를 한 번 더 이야기한다.
 - 마음을 집중하고 눈을 감고 음악 감상을 한다.

  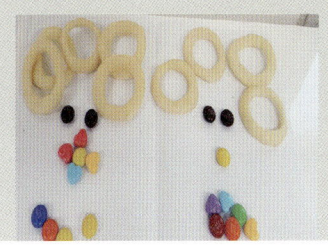

3) 주어진 재료 가지고 놀이 활동을 한다.
- 준비한 자료를 가지고 게임을 시작한다.
- 양파링을 동시에 끼우기 시작하여 정해진 시간에 가장 길게 끼운 사람에게 칭찬해 준다.
- 양파링으로 탑쌓기를 한다.
- 양파링으로 나의 모습을 나타내 본다.
- 여러 모양의 꿈을 그려본다.

놀이 평가	1) 게임 활동을 통해 열심히 자기능력을 발휘하였는가? 2) 친구와 함께 놀이활동을 즐겁게 참여하였는가? 3) 먹기도 하면서 즐길 수 있었는가?
확장활동	다른 재료(과자)를 사용하여 놀이를 하며 집중력을 키운다.
교사 TIP	이기고 지는 것보다 함께하고 즐기는 것이 행복한 것이며 이기기 위해 열심히 자신의 능력을 발휘할 때 기쁨이 있음을 알게 한다.

함께 해요

올바른 식사 습관 세 가지

1) 편식하지 말아요
- 우리 몸에 필요한 영양소를 골고루 섭취해야 건강한 몸을 유지할 수 있습니다. 좋아하는 음식만 먹고, 싫어하는 음식은 먹지 않는 편식을 하면 우리 몸은 약해집니다.

2) 자기 몸을 잘 알아야 해요
- 우리 몸이 음식에 대해 반응하는 것은 사람마다 다르므로 먹어도 되는 음식과 먹지 말아야 할 음식을 스스로 정해야 해요. 맞지 않은 음식을 먹으면 몸에 두드러기가 나는 친구도 있고, 조금만 과식해도 체하거나 배탈이 나는 친구들이 있어요. 이런 친구들은 자기 몸에 알맞게 음식을 조절할 수 있어야 하지요.

3) 절대 과식을 하지 말아요
- 과식은 건강에 좋지 않으며 뚱뚱해지는 지름길이지요.
- 요즈음에는 어른에게만 걸리던 병이 우리 친구들한테도 나타나고 있어요. 빵이나 햄버거, 샌드위치, 아이스크림, 육류 등을 즐겨 먹으면 몸이 비대해져서 몸을 해치게 되지요.

내 동생

제4장 푸드표현예술 지도와 실제(유아 편)

우리, 달걀이랑 함께 놀자

활동 목표
- ♠ 달걀이 중요한 영양을 가지고 있음을 알게 한다.
- ♠ 그림도 그리고 먹기도 하는 기쁨을 느끼게 한다.

놀이 준비하기
삶은 달걀, 사인펜, 요구르트

놀이 열기

1) 놀이 활동에 대하여 이야기 나눈다.
   - 도감을 통해 달걀에 대한 이야기를 나눈다.
   - 준비된 자료를 소개한다.
   - 달걀을 먹어본 경험에 대하여 이야기한다.

2) 놀이 활동 방법 및 놀이 활동을 전개한다.
   - 교사가 작품을 소개한다.
   - 어떻게 꾸밀까를 생각하게 한다.
   - 꾸민 것과 자료를 검토하게 한다.
   - 자료 사용할 때 주의점을 알려준다.

3) 주어진 재료 가지고 놀이 활동을 한다.
  - 다양하게 꾸밀 수 있게 재미있는 이야기를 해준다.
  - 서로의 작품을 보며 서로 이야기한다.
  - 작품의 느낌을 생각하고 서로 이야기한다.

놀이 평가	1) 달걀의 특징을 잘 이용하였는가? 2) 나의 생각과 느낌을 잘 이야기하였는가? 3) 먹기도 하면서 즐길 수 있었는가?
확장활동	달걀 껍질을 가지고 표현할 수 있는 방법도 있다.
교사 TIP	그림을 그릴 때 다섯 색깔을 잘 이용하여 표현하고 싶은 그림을 그리게 하고 나무, 꽃, 강아지, 나의 얼굴, 비행기, 배 등 여러 가지를 표현하게 한다.

함께 해요

발명왕 에디슨의 긍정적 생각
"한 번 해 보자"
천재는 1퍼센트 영감과 99퍼센트의 노력으로 이루어진다

　에디슨이 여섯 살 때 일이었어요.
　져녁 늦도록 에디슨이 집에 들어오지 않아서 아버지는 찾아 나섰는데, 곳간에서 몸을 웅크리고 있는 에디슨을 발견했습니다.
　"에디슨, 거기서 무얼 하고 있는 거지?"
　"지금 거위 알을 품고 있어요. 어미가 알을 품고 있으면 새끼가 나온다고 하셨잖아요. 그래서 저도 한 번 해보는 중이예요."
　그러면서 새끼를 보호하듯이 더욱 알을 껴안다가 그만 알을 깨뜨리고 말았습니다.
　에디슨은 마음이 아파서 울음을 터뜨렸고 아버지는 그런 에디슨을 달래면서 집으로 데리고 왔어요.
　"한참 동안 알을 품고 있었는데, 왜 새끼가 나오지 않는 거예요?"
　어머니가 어린 에디슨에게 이해하도록 차근차근 설명해 주셨습니다. 그리고 이렇게 말하였습니다.
　"우리 에디슨은 항상 스스로 해보고 싶어 하네. 그래, 긍정적으로 생각하고 하나하나 해나가다 보면 실패하더라도 이겨낼 수 있단다. 정말 기특하구나!"
　＊에디슨은 결국 수많은 실패를 딛고 위대한 발명왕이라는 이름을 얻게 된 거예요.

함께 불러요

아기별

가사

1. 서산 넘어 햇님이 숨바꼭질할 때에
   수풀 속에 새집에는 촛불 하나 켜놨죠

2. 아니아니 아니죠 켜 논 촛불 아니라
   저녁 먹고 놀러나온 아기별님이지요

소금이랑 놀자

활동 목표	♠ 자신의 창의성을 발휘할 수 있다. ♠ 나의 유연성을 볼 수 있다.
놀이 준비하기	꽃소금, 8절 색지, 초콜릿볼, 음악 감상자료

놀이 열기	**1) 놀이활동에 대하여 이야기 나눈다.**
	  - 소금의 특성에 대해 소개한다.
	  - 모래의 유연성을 이용해서 작품을 만드는 것처럼 꽃소금의 유연성을 잘 활용하도록 한다.
	  - 꽃소금으로 만든 작품들을 소개한다.
	
	2) 놀이활동 방법 및 놀이활동을 전개한다.
	  - 8절지 한 장씩(좋아하는 색지) 나누어 준다.
	  - 소금에 대하여 알려주고 주의점을 이야기한다.
	  - 조용한 음악을 듣고 우리 집 모습을 그려본다.
	  - 우리 집의 특징이 무엇인지 생각해 본다.

3) 꽃소금 가지고 놀이활동을 한다.
- 소금을 오감을 통하여 맛, 색깔, 촉감 등을 느껴보고 서로 이야기한다.
- 초콜릿볼을 먹으면서 이야기 나눈다.
- 창의적으로 작품을 꾸며본다.

놀이 평가	1) 우리 집을 꾸밀 수 있었는가? 2) 이 활동에 즐겁게 참여하였는가? 3) 꽃소금은 어떻게 만들어지는가? 4) 재미있는 활동이 있었는가?
확장활동	소금과 파스텔 가루로 염색하여 다양한 모양을 만들 수 있다. 친숙한 소재이며 자유롭게 표현함으로써 창의성과 긍정심리, 자기존중감을 향상시킨다.
교사 TIP	소금 이외로 콩가루, 커피가루 등을 사용하여 더 많은 경험을 할 수 있다.

함께 해요

호박전 만들기

1) 활동목표
호박전의 특성을 알고 그 맛을 즐긴다.

2) 놀이 준비
애호박, 달걀, 밀가루, 소금, 식용유, 프라이팬

그릇, 칼, 도마, 뒤집기 도구, 족자, 휴대용 가스렌지 등

3) 놀이 열기
- 호박전에 대한 경험을 이야기한다.
- 손을 깨끗이 씻고, 주의점을 말한다.
- 요리하는 순서를 안다.
- 밀가루 반죽을 한다.
- 애호박을 칼로 잘게 썰어서 반죽에 넣는다.
- 프라이팬을 불위에 올리고 식용유를 조금 넣는다.
- 족자로 호박 반죽을 적당히 떠서 프라이팬에 넣는다.
- 익는 상태를 보고 뒤집기를 한다.
- 굽기가 완성되면 접시에 담는다.
- 냄새, 색깔, 맛 등을 느껴본다.
- 뒷정리한다.

아기 염소

이해별/작사
이순영/작곡

제4장 푸드표현예술 지도와 실제(유아 편)

 # 내가 좋아하는 것 만들며 놀자

활동 목표	♠ 자신이 제일 좋아하는 것을 만들어본다. ♠ 자신의 생각과 느낌을 다양하게 표현할 수 있다. ♠ 평소에 나타내고 싶은 것 활동해 즐거움을 가지게 한다.
놀이 준비하기	비스킷, 초콜릿시럽, 가락국수 한 가닥, 음악 감상자료
놀이 열기	**1) 놀이활동에 대하여 이야기 나눈다.** 　- 준비한 자료를 하나하나 소개한다. 　- 준비된 자료로 무엇을 만들면 좋을지 서로 이야기하고 활동을 전개한다. 　- 교사가 먼저 활동한 내용을 소개하며 놀이의 주의점을 이야기한다. **2) 놀이활동 방법 및 놀이활동을 전개한다.** 　- 유아들에게 비스킷, 시럽과 A4용지 1장씩 나누어 준다. 　- 재료의 성질과 모양에 대해 알려준다.

- 잠깐 머물며 조용한 음악을 들으며 평온한 마음을 가진다.
- 자료를 활용할 때 주의점에 대한 이야기를 나눈다.

3) 친구들과 함께 작품을 감상해 본다.
- 자기 작품을 소개하고 서로 소감을 나눈다.
- 자기의 작품 주제와 내용을 설명한다.
- 내가 좋아하는 것을 설명하고 아름다움을 감상한다.

놀이 평가	1) 내가 좋아하는 것을 나타낼 수 있을까? 2) 놀이활동에 즐겁게 참여하였는가? 3) 비스킷을 먹으면서 즐길 수 있었는가?
확장활동	좋아하는 일이나 좋아하는 작품을 소개한다.
교사 TIP	자유로운 작품 만들기는 자기성취의 만족감을 가지고 즐겁게 놀며 먹고 자유롭게 교육활동에 도움을 준다.

함께 해요

동시를 함께 느껴봐요

쨍그랑 쨍그랑 엿장수 가위 소리

쨍그랑 쨍그랑
무슨 소리일까?

귀 기울여 보니
엿장수 아저씨의 재미있는 가위 소리

쨍그랑 쨍그랑
무슨 소리일까?

귀 기울여 보니
엿장수 아저씨의 신바람 섞인 목소리

쨍그랑 쨍그랑
무슨 소리일까?

귀 기울여 보니
아이들의 흥겨운 웃음소리

생일 축하 노래

외국 곡

제4장 푸드표현예술 지도와 실제(유아 편)

나무야 나와 놀자

활동 목표	♠ 커다란 나무가 되려면 어떻게 해야 하는가를 알게 한다. ♠ 나무를 만들어 보고 나무의 고마움을 알게 한다.
놀이 준비하기	초록색 야채, 귤, 시리얼, 접시

놀이 열기	1) 놀이 활동에 대하여 이야기 나눈다.
	    – 나무 이야기를 들려준다.
	    – 5분 명상을 한다.
	    – 놀이를 소개한다.
	
	2) 놀이 활동 방법 및 놀이 활동을 전개한다.
	    – 교사의 작품을 소개한다.
	    – 각자 나무를 만든다.
	    – 오감을 통한 수업을 전개한다.
	    – 시금치와 상추는 잎새로, 귤은 뿌리로 활용하게 한다.
	    – 시리얼은 열매나 꽃으로 한다.

3) 주어진 재료로 놀이 활동을 한다.
- 나무의 중요성을 서로 이야기한다.
- 자기 소망을 이야기한다.

놀이 평가	1) 나무의 중요성을 알게 되었는가? 2) 놀이활동을 즐겁게 참여하였는가? 3) 먹기도 하면서 즐길 수 있었는가?
확장활동	자기 소망을 나무에 달게 한다.
교사 TIP	나무가 주는 도움을 알게 하고 동화를 들려준다. 명상을 할 때 자세와 방법을 소개한다.

함께 해요

나의 나무를 정해요

1) 활동 목표
유치원, 어린이집에 대한 소속감을 갖는다.

2) 놀이 준비하기
카메라, 코팅지, 유성매직

3) 놀이 열기
- 유치원이나 어린이집 밖으로 나온다.
- 어떤 나무들이 있는지 관찰한다.
- 나무의 이름을 알고 잎 모양도 안다.
- 산책을 하면서 나의 나무를 정한다.
- 나무에 이름을 정한다.
- 유아들이 정한 나무를 카메라에 담아 온다.
- 교실에서 담아온 사진을 빼보며 감상한다.
- 앞으로 나무에게 어떻게 해주면 좋을까를 생각한다.
- 이름표를 만들어 나무에 달아 준다.
- 나무를 사랑하는 마음을 가진다.

낮에 나온 반달

고구마, 감자, 당근과 놀자

활동 목표	♠ 공동체의 중요성을 알게 한다. ♠ 함께 꿈을 가지게 한다.
놀이 준비하기	고구마, 감자, 당근, B4, 우유
놀이 열기	1) 놀이 활동에 대하여 이야기 나눈다. 　- 준비한 고구마, 감자, 당근 등의 자료를 소개한다 　- 희망탑 쌓기의 뜻을 이야기한다. 　- 참고 작품을 소개하고 만들 작품을 구상하게 한다. 2) 놀이 활동 방법 및 놀이 활동을 전개한다. 　- 준비한 소재를 알맞게 잘라 나누어 준다. 　- 놀이방법을 알려 주며 주의점을 이야기한다. 　- 활동 전개하기 전에 마음을 가라앉히기 위해 조용한 음악을 듣는다.

3) 주어진 재료 가지고 놀이 활동을 한다.
- 탑 쌓기는 무얼까?
- 주고받는 즐거움을 서로 느껴본다.
- 완성 후 알맞은 제목을 붙인다.

놀이 평가	1) 공동작품의 특징은 무엇인가? 2) 협동심은 가졌는가? 3) 고구마를 맛있게 먹는다.
확장활동	전체로 전시하여도 좋다. 조별 작품을 감상한다.
교사 TIP	서로의 의견을 존중하도록 한다. 공동작품의 기쁨을 알게 한다. 후식으로 고구마와 우유를 먹도록 한다.

함께 해요

신문지 속으로 모여요

1) 활동 목표
- 신문지를 이용해서 다양한 놀이를 할 수 있다.
- 숫자를 알고 즐겁게 놀이에 참여한다.

2) 놀이 준비
- 신문지 여러 장

3) 놀이 열기
- '신문지 속으로 모여라.' 놀이 방법을 소개한다.
- 8명 이상을 한 모둠으로 한다.
- 신문지 4장을 펼쳐놓는다.
- 교사의 신호에 맞추어서 4장의 신문지 속으로 전체가 올라간다.
- 신문지 한 장을 빼고 3장으로 들어가도록 한다.
- 다시 1장을 빼고 2장으로 하고
- 마지막에는 한 장으로 한다.
- 밀고 당기고 서로 밀착하며 즐거워한다.
- 서로의 관계가 친밀해짐을 느낀다.

열 꼬마 인디언

미국민요 작곡

채소랑 함께 놀자

활동 목표	♠ 채소로 예쁜 모습을 만들어본다. ♠ 채소의 여러 색상을 잘 조화시켜본다. ♠ 창의성 발휘를 한다.
놀이 준비하기	토마토, 깻잎, 양배추, 치즈, 식빵
놀이 열기	1) 놀이활동에 대하여 이야기 나눈다. 　- 참고할 작품을 소개한다. 　- 준비한 재료를 소개한다. 　- 채소를 적당한 크기로 미리 다듬어 놓는다(진행자). 2) 놀이활동 방법 및 놀이활동을 전개한다. 　- 준비한 자료를 이용하여 작품활동을 한다. 　- 재료의 성질과 모양에 대해 알려준다. 　- 색깔을 잘 조화시키게 지도한다. 　- 자료를 활용할 때 주의점에 대한 이야기를 나눈다.

3) 친구들과 함께 작품을 감상해 본다.
- 자기 작품을 소개하고 서로 소감을 나눈다.
- 자기의 작품 주제와 내용을 설명한다.
- 나누어 먹어보고 오감으로 느껴본다.

놀이 평가	1) 작품활동을 자유롭게 하였는가? 2) 서로 작품을 비교해 보고 느낌을 나누었는가? 3) 채소에 대한 영양소는 어떠한가?
확장활동	다양한 채소로 다른 주제로 활동할 수 있게 안내한다.
교사 TIP	자유로운 작품 만들기는 자기성취의 만족감을 가지고 즐겁게 놀며 먹고 자유롭게 교육활동에 도움을 준다.

> 함께 해요

씨앗 심기 해요

1) 활동 목표
- 씨앗을 순서대로 심어본다.
- 씨앗이 잘 자랄 수 있도록 돌본다.

2) 놀이 준비
- 여러 종류의 꽃씨(채송화, 분꽃, 나팔꽃, 봉숭아 등)
  우유팩, 모종삽, 물, 컵, 흙

3) 놀이 열기
- 씨앗의 생김새를 살펴본다.
- 씨앗을 어떻게 심을까? 순서를 알아본다.
- 싹이 트기 위한 조건에 대해서 알아본다.
- 흙, 습기, 공기, 기온의 중요성을 생각한다.
- 씨앗 심기 순서표에 따라 우유팩 속에 정성 들여 심는다.
- 꽃이름을 적어 푯말을 꽂는다.
- 관심을 가지고 물을 주고 기다린다.
- 연약한 초록색 싹이 올라오는 모습을 본다.
- 서로 이야기하며 기뻐한다.

누가 누가 잠자나

가 사

넓고 넓은 밤 하늘에 누가 누가 잠자나
하늘 나라 아기별이 깜박깜박 잠자지

깊고 깊은 숲속에선 누가 누가 잠자나
산새 들새 모여 앉아 꼬박꼬박 잠자지

포근 포근 엄마 품엔 누가 누가 잠자나
우리 아기 예쁜 아기 새근새근 잠자지

16 식빵이랑 함께 놀자

활동 목표
♠ 자신의 생각과 느낌을 표현할 수 있다.
♠ 나의 꿈을 생각해볼 수 있다.

놀이 준비하기
식빵, 소스, 방울토마토, 접시, 비닐장갑, 음악 감상자료

놀이 열기
1) 놀이활동에 대하여 이야기 나눈다.
- 준비한 식빵, 방울토마토를 소개한다.
- 소재의 특성이나 맛, 냄새, 색깔 등을 우리의 감각으로 느껴 본다.
- 먼저 활동한 작품을 감상하며 만들 작품에 대해 함께 이야기 나누며 생각해 보게 한다.

2) 놀이활동 방법 및 놀이활동을 전개한다.
- 준비한 푸드 소재를 알맞게 나누어 준다.
- 작품활동에 필요한 주의점을 이야기한다.
- 활동하기에 앞서 가만히 자리에 앉게 하여 조용한 음악으로 마음을 다스리도록 한다.

3) 주어진 재료로 놀이활동을 한다
- 준비한 재료를 가지고 재미있게 꾸며 본다.
- 다양한 방법으로 가족 얼굴을 꾸며 본다.
- 가족의 소중함을 생각한다.

놀이 평가	1) 부모님의 얼굴을 보고 고마움을 알고 있는가? 2) 친구들과 함께 자기 생각을 잘 표현하였는가? 3) 먹기도 하면서 즐길 수 있었는가?
확장활동	친구 얼굴을 식빵에 표현하여 볼 수 있다.
교사 TIP	표현한 작품을 보고 생각하면서 맛있게 먹고 신나는 이야기를 들려준다. 동화 이야기 들려준다.

함께 해요

친구를 생각해요

- 친구가 어려움을 겪고 있을 때 도와주는가?
- 친구가 감정이 상해 있을 때 도와주는가?
- 항상 관심을 가지고 있는가?
- 친구가 내 물건을 사용하려 할 때 빌려주는가?
- 내가 좋아하는 음식을 친구와 나누어 먹는가?
- 놀이를 할 때 친구와 협력해서 즐겁게 노는가?
- 잘못된 행동을 하면 스스로 사과하는가?
- 단체 생활에서 청소, 정리정돈 등을 서로 돕는가?
- 화가 나 있는 친구에게 잘 위로해 주는가?
- 재미있는 이야기를 잘 하는가?
- 친구의 이야기를 잘 들어 주는가?
- 좋아하는 감정을 가지고 느끼게 하는가?

올챙이와 개구리

가사

개울가에 올챙이 한 마리 꼬물꼬물 헤엄치다

뒷다리가 쑥 앞다리가 쑥 팔딱팔딱 개구리 됐네

꼬물꼬물 꼬물꼬물 꼬물꼬물 올챙이가

뒷다리가 쑥 앞다리가 쑥 팔딱팔딱 개구리 됐네

 # 꽃들아 나와 놀자

활동 목표	♠ 꽃다발이 주는 기쁨을 느낄 수 있다. ♠ 선물이 주는 아름다운 마음을 안다.
놀이 준비하기	예쁜 꽃, 색종이
놀이 열기	**1) 놀이 활동에 대하여 이야기 나눈다.** – 꽃다발이 우리에게 기쁨을 안겨주는 것에 대해 이야기 한다. – 예쁜 꽃으로 아름답게 꾸미는 것을 생각한다. – 꽃 한 송이라도 주고받는 훈훈한 마음을 읽어 보게 한다. **2) 놀이 활동 방법 및 놀이 활동을 전개한다.** – 꽃을 잘 잘라서 알맞게 나누어 준다. – 꽃으로 아름답게 장식하는 것도 해본다. – 여러 종류의 꽃들로 푸드 표현 활동에 대해 알게 한다. – 꽃의 여러 종류에 대해 서로 이야기한다.

3) 주어진 재료로 놀이 활동을 한다.
  – 꽃과 잎으로 꽃다발을 만들고 색종이에 선물줄 사람 이름을 쓴다.
  – 주고 받는 즐거움을 서로 느껴본다.

놀이 평가	1) 즐겁게 꽃다발을 만들었는가? 2) 선물의 기쁨을 알았는가? 3) 마음의 고마움을 알리는 방법임을 알았는가?
확장활동	나에게 선물은 어떻게 하면 될까요.
교사 TIP	꽃이 시들지 않게 준비하며 생화가 어려우면 색종이 등을 이용해서 조화를 만들어도 좋다.

음식을 귀하게 생각해요

1) 활동 목표
- 산이나 들에서 배고픔을 느껴보았는가?
- 제때에 먹을 음식이 없다면?

2) 놀이 준비
- 아프리카 등의 악조건 환경 속에서 식량 부족으로 힘들어하는 사진을 준비한다.

3) 놀이 열기
- 인간이 살아가는데 필요한 의, 식, 주에 대해 생각한다.
- 그 중 '먹어야 산다.'의 의미를 안다.
- 지구상에는 먹을 것이 없어서 굶주린 사람이 얼마나 있을까?
- 음식을 낭비하거나 과식하거나 버리지는 않는가?
- 지구상에 식량이 부족한 나라는 몇이나 되는가?
- 기후의 변화에 대해 생각해본다.
- 물과 기후의 중요성을 생각한다.
- 음식을 나누어 먹고 이웃사랑을 한다.

섬집 아기

가사

1. 엄마가 섬 그늘에 굴 따러 가면
   아기가 혼자 남아 집을 보다가
   바다가 불러주는 자장 노래에
   팔 베고 스르르르 잠이 듭니다

2. 아기는 잠을 곤히 자고 있지만
   갈매기 울음 소리 맘이 설레어
   다 못 찬 굴바구니 머리에 이고
   엄마는 모랫길을 달려 옵니다

 # 김밥이랑 나랑 놀자

활동 목표	♠ 손수 김밥을 만드는 경험을 한다. ♠ 만드는 과정에서 창의성을 발휘한다.
놀이 준비하기	김, 단무지, 소시지, 오이, 게맛살, 햄, 밥(참기름, 소금 첨가함), 접시, 요구르트
놀이 열기	1) 놀이 활동에 대하여 이야기 나눈다. 　- 김밥에 대해 이야기한다. 　- 만든 김밥을 소개한다. 　- 미리 먹지 말고 만들어서 먹게 한다. 2) 놀이 활동 방법 및 놀이 활동을 전개한다. 　- 도마 위에 깔판을 깐다. 　- 김을 깔고 먼저 밥을 적당히 올려놓는다. 　- 준비한 속재료를 넣는다. 　- 깔판을 이용하여 돌돌 고루고루 말아 완성한다. 　- 칼로 적당히 자른다.

3) 주어진 재료 가지고 놀이 활동을 한다.
- 완성된 김밥의 모양을 서로 비교해 본다.
- 먹어보고 서로 느낌을 이야기한다.

놀이 평가	1) 즐겁게 만들었는가? 2) 모양이 좋은가? 3) 맛은 어떠한가?
확장활동	김밥 위에 자기 얼굴을 나타내 본다.
교사 TIP	칼, 도마는 교사가 사용한다.

함께 해요

말을 예쁘게 해요

1) 활동 목표
- 고운 말을 사용하자.
- 솔직하게 생각을 말하자.

2) 놀이 준비
- 막대기

3) 놀이 열기
- 옛날 아메리카 인디언들은 한 달에 한 번 '돌아가며 말하기'라는 전통적인 행사를 했어요.
- '돌아가며 말하기'는 모든 인디언들이 한자리에 동그랗게 모인 다음 깃털 장식이 달린 막대기를 가운데 세워놓고 그 막대기를 잡는 사람에게 말할 기회를 주는 거에요.
- 이때 다른 인디언들은 막대기 잡은 인디언이 말을 할 때까지 방해하지 않고 조용히 앉아 있어야 하고 오직 막대기를 잡은 인디언의 말에만 귀를 기울여야 했어요.
- 그리고 막대기를 잡은 사람이 어떤 얘기를 해도 반대의견을 말할 수 없었습니다. 어떤 경우라도 끝까지 들어주어야 했어요.
- 아메리카 인디언들은 왜 이런 전통적인 행사를 했던 걸까요? 그건 다른 사람의 말을 들어줌으로써 그 사람을 이해하기 위해서랍니다.
- 친구가 무슨 얘기를 하든 친구의 얘기를 끝까지 들어주는 태도가 필요해요. 그리고 친구의 얘기가 끝나면 자신의 이야기를 정확한 표현으로 올바른 말을 하는 방법을 이용해서 이야기하는 거에요.

함께 불러요

우리 모두 다 같이

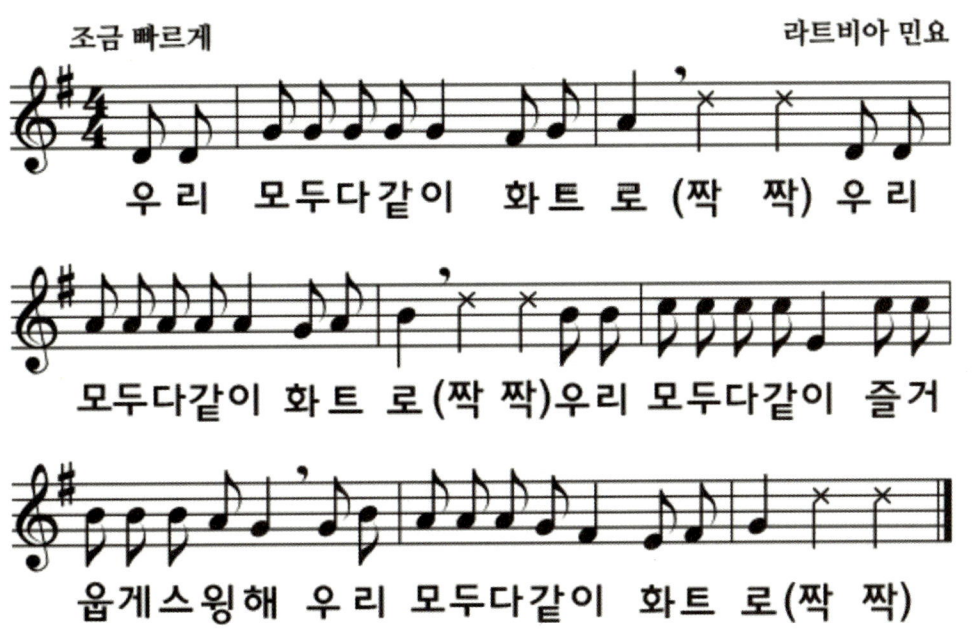

가사

1. 우리 모두 다같이 손뼉을
   우리 모두 다같이 손뼉을
   우리 모두 다같이 즐거웁게 노래해
   우리 모두 다같이 손뼉을

2. 우리 모두 다같이 발 굴러
   우리 모두 다같이 발 굴러
   우리 모두 다같이 즐거웁게 노래해
   우리 모두 다같이 발 굴러

동그란 바퀴랑 놀자

활동 목표	♠ 이동수단에 대해서 알아본다. ♠ 교통수단의 발전을 생각해 본다. ♠ 무공해 교통수단을 상상해 본다.
놀이 준비하기	초코파이, 그림도구, 깔판용 종이
놀이 열기	**1) 푸드에 대하여 이야기 나눈다.** – 초코파이에 대한 이야기를 나눈다. – 운반기의 바퀴, 자동차와 자전거 바퀴로 이용하는 것을 생각한다. – 있는 작품 소개를 한다. **2) 놀이활동에 대한 이야기를 나눈다.** – 오감을 통해 초코파이를 맛보게 하고 느끼게 한다. – 다양한 모양으로 꾸밀 수 있다고 이야기한다. – 자료를 활용할 때 주의점에 대하여 이야기한다.

3) 푸드놀이 활동을 전개한다.
- 준비한 자료를 가지고 재미있게 꾸며 본다.
- 다양한 방법으로 창의적으로 표현해 본다.

4) 친구들과 함께 작품을 감상해 본다.
- 푸드 작품을 보고 친구들과 서로 이야기를 나눈다.
- 자기의 생각을 말로 표현해 본다.
- 아름다움을 감상해 본다.

놀이 평가	1) 동그라미는 우리에게 어떤 것인가? 2) 놀이활동을 즐겁게 참여하였는가? 3) 먹기도 하면서 즐길 수 있었는가?
확장활동	세모, 네모, 다각형, 공, 별 모양도 생각해 본다.
교사 TIP	우리 주변에 보이는 여러 모양을 찾아내어 그 조화로움을 안다.

함께 해요

책을 즐겁게 읽어요

1) 활동 목표
- 책읽기는 지식과 지혜를 기른다.
- 책 속에 길이 있다.

2) 독서의 중요성을 알아봐요
- 책읽기는 나의 모든 생각의 기초가 될 뿐만 아니라 책을 통해서 우리는 지식과 생활 방법을 배우게 되지요.

- 나무가 튼튼하게 잘 자라고, 꽃도 피고, 탐스러운 열매를 맺으려면 기초가 되는 뿌리가 튼튼해야 하는 것처럼 우리가 생각의 나무를 잘 키워 나가려면 생각의 뿌리를 튼튼히 해줘야 해요.

- 책속에는 수많은 지혜와 지식이 담겨 있어요. 우리는 과학자나 위인들을 직접 만날 수 없지만 책을 통해서 그 사람의 생각과 지혜를 알 수 있답니다.

- 책을 통해서 얻어진 지혜는 나를 현명한 사람으로 만듭니다. 그리고 책을 읽는 즐거움을 알게 될 거에요.

함께 불러요

겨울나무

이원수/작사
정세문/작곡

나무야 나무야 겨울 나무야

눈 쌓인 응달에 외로이 서서

아무도 찾지 않는 추운 겨울을

바람 따라 휘파람만 불고 있느냐

평생을 살아 봐도 늘 한 자리

넓은 세상 얘기도 바람께 듣고

꽃 피는 봄 여름 생각 하면서

나무는 휘파람만 불고 있구나

 # 약차야 예쁘다

활동 목표	♠ 약이 되는 약차를 만든다. ♠ 특성을 알고 맛을 즐긴다.
놀이 준비하기	유자 1개, 모과 1개, 대추 5개, 배 1개, 꿀 반컵, 가스렌지, 주전자
놀이 열기	1) 놀이 활동에 대하여 이야기 나눈다. 　- 여러 가지 차의 자료를 알아본다. 　- 만드는 과정을 이야기한다. 　- 우리나라 녹차에 대해 알아본다. 　- 꿀에 대해서도 이야기한다. 2) 놀이 활동 방법 및 놀이 활동을 전개한다. 　- 재료를 손질한다. 　- 주전자에 준비한 재료를 모두 넣는다. 　- 충분한 물에 꿀을 넣고 끓인다. 　- 약한 불로 30분~60분 정도 서서히 끓인다.

3) 주어진 재료로 놀이 활동을 한다.
- 차 예절을 배우고 맛을 본다.
- 차의 향기를 느껴본다.

놀이 평가	1) 재료를 고루고루 넣었는가? 2) 각 재료는 어떤 역할을 하는가? 3) 약탕의 재료는 어떤 것이 있는가?
확장활동	음료에 대해 생각해 본다.
교사 TIP	가스렌지 사용에 주의를 하고 뜨거운 물 취급에 각별히 조심하여야 한다.

함께 해요

차를 예쁘게 마셔요

1) 활동 목표
- 차 마시는 예절(다도)를 안다.
- 좋은 생활 습관을 기른다.

2) 다도예절을 알아봐요
- 입을 꼭 다물고 머리는 앞을 똑바로 향하게 하며 눈은 자연스럽게 뜬다.
- 100도로 끓인 물을 물식힘 그릇에 담아 60~80도로 식힌 다음 차관에 붓는다.
- 차 우리기는 차통에서 차를 적당히 넣어 차의 향기를 내기 위해 1~2초 정도 뚜껑을 덮어둔다.
- 녹차 따르기는 오른손으로 손잡이를 잡고 왼손은 뚜껑을 누른 후 우러난 차를 세 번 나누어 따른다.
- 차 마시기는 오른손으로 찻잔의 허리를 잡고 왼손으로 받쳐 들고 향기를 맡은 후 세 번에 나누어 마신다.

아빠 힘내세요

… **05**

푸드표현예술 지도와 실제
(아동 편)

주제별 요약표
주제별 전개 순서
푸드 동화 차례
주제별 참고 작품
지도 실제

푸드표현예술은 표현력과 감상력을 향상시키고 또한 자기 이해, 자기 성찰, 깨달음으로 상상력, 독창성, 창의력을 유발시켜 만족감과 정서 안정으로 작품활동에 몰입하여 심리적으로 자유와 자존감을 살려 예술활동에 빠져들게 한다.

주제별 요약표(1~9)

주차	수업주제	학습목표	학습효과	매체
1	푸드학습 코치안내	수업의 개요 자기소개	자기소개로 어울림과 학습소개하기	비스킷, 요구르트
2	자기이해	자기 자신을 생각한다	나의 마음속에 나의 내면을 나타내기	바나나 전지
3	자화상	뻥튀기로 자화상 나타내기	창의력 기르기 가면 만들기	뻥튀기 A4용지
4	장점나무 만들기	자기의 마음의 장점 찾기	사고력 키우기	비스킷, 시럽 가락국수
5	표현의 자유	창의성 유연성	무의식의 자유화	꽃소금 팔절색지
6	나의 꿈	자신의 꿈과 소망 찾기	꿈을 시각화 구체화 한다.	식빵, 소스 방울토마토
7	자신감 향상	미래의 성공기사 쓰기	미래의 상상력 상징성	삶은 달걀 유성펜
8	공부환경 가꾸기	선택과 집중	집중의 중요성 알기	건빵, 네임펜
9	학습능력향상	창의력과 학습능력향상	창의력과 학습능력 키우기	다양한 과자

주제별 요약표(10~18)

주차	수업주제	학습목표	학습효과	매체
10	꿈 키우기	꿈 가지기	꿈을 실현하여 현실화 한다	양파링 접시
11	미래의 삶	미래에 대한 설계	다양한 가루를 통해 표현하기	고깔콘 A4용지
12	친구 알기	친구와 학교생활 잘 하기	친구의 중요성 느끼기	깻잎, 오이 고추 등 채소
13	가족의 중요성	가족의 구성원	가족 서로의 도움을 안다	초코파이 빵칼
14	우리 고장	이웃 마을 먼 마을 탐방	마을의 특성을 알아본다	커피가루, 칼라초코렛
15	목표 세우기	목표를 세워 행한다.	달성의 기쁨 알기	새우깡 A4용지
16	감정 해소	스트레스 날리기	나쁜감정 해소하기	컵라면 B4용지
17	사랑의 팔찌 만들기	가족 사랑 알기	가족간의 신뢰감 갖기	메모지 초코렛
18	스승의 고마움	선생님의 고마움 알기	나를 도와주는 사람의 고마움 알기	당금, 오이 프브리카

제5장 푸드표현예술 지도와 실제(아동 편)

주제별 전개 순서 (18주제)

푸드표현 주제	계획
푸드표현 학습목표	세부 실천
푸드표현 준비물	푸드 매체
푸드표현 라포형성	작품 구상
푸드표현 정서표현	작품 활동

⬇

푸드표현 자기긍정과 이해	희망 갖기
푸드표현 함께하기	서로 감상

⬇

푸드표현 주제	분위기 바꾸기
푸드표현 주제	꿈의 바다로

푸드 동화 차례

동화 제목	푸드와 관련 요소
1. 육·해·공군 그리고 목장	푸드의 갈래
2. 김치야, 나와라	식물성 푸드와 채소
3. 수박 한 덩이	식물성 푸드와 과일채소
4. 꼬꼬의 하루	동물성 푸드와 가축
5. 바다 왕의 실수	동물성 푸드와 해산물
6. 새들의 노래자랑	동물성 푸드와 조류
7. 다디다 무너무너 나조	전통적 푸드
8. 소시지 다섯 개	외국에서 들어온 푸드
9. 초대받은 아이들	가족 행사와 푸드
10. 보름날 아침	고유 명절의 푸드
11. 미나리 먹으러 가자	계절의 별미 푸드
12. 흑산도의 맛, 홍어	지방의 별미 푸드
13. 고구마와 용이	고구마와 푸드
14. 과일들의 자랑	과일과 푸드
15. 알쏭달쏭 별난 과자	과자와 푸드
16. 소풍	김밥과 푸드
17. 오이와 호박	오이와 호박과 푸드
18. 삼형제	바나나와 푸드

주제별 참고 작품(1~6)

순	학습목표	작 품
1	푸드 소개 자기 소개	
2	자기 이해 자신감 가지기 소망나무	
3	자화상 뻥튀기 자화상 자아 존중	
4	장점나무 소중한 사람 긍정적 사고	
5	자유화 창의성 유연성	
6	나의 꿈 소중한 나의 꿈	

주제별 참고 작품(7~14)

순	학습목표	작 품
7	자신감 향상 미래의 성공기사	
8	공부 환경 가꾸기 선택과 집중	
9	학습능력 향상 창의력 증진 창의력 향상	
10	행복여행 나의 꿈 키우기	
11	미래의 삶 장래의 희망 설계하기	
12	친구 알기 친구의 중요성 알기	

주제별 참고 작품(12~18)

순	학습목표	작 품
13	가족 구성원의 중요성 알기	
14	우리 고장 알기 이웃마을 먼 고장	
15	목표 세우기 미래의 목표 설정	
16	감정해소 스트레스 날리기	
17	사랑의 팔찌 가족의 소중함 친구의 소중함	
18	스승의 얼굴 선생님의 고마움 알기	

 푸드야 놀자 (1)

푸드표현 주제	• 푸드학습 코칭 안내(오리엔테이션) • 푸드표현예술에 대한 소개 및 학습 방법 안내
푸드표현 학습목표	• 수업의 개요 소개 및 자기 소개 및 작품에 대한 자기 느낌을 이야기하여 서로 소통을 한다.
푸드표현 준비물	• 이름표, 생수, 시리얼. 비스킷, 요구르트, 건빵, 초콜릿
푸드표현 라포형성	• 푸드학습 코칭의 중요성을 알리고 학습방법 안내, 학습내용 및 활동영역에 대한 설명을 충분히 하고 지도자 소개, 자기 소개를 한다.
푸드정서표현	• 자기 소개를 통해 서로 간의 친밀성을 갖게 하여 서로 협동하며 좋은 수업 분위기를 만들게 한다.

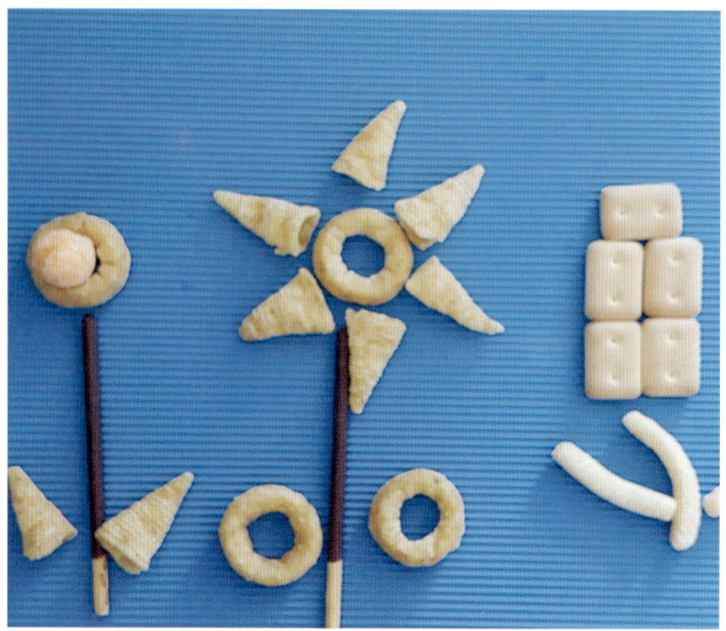

자기긍정, 자기이해	• 동화를 들려주고 '푸드와 나', '푸드와 우리'에 대한 관심을 가지게 한다.
푸드표현 함께하기	• 푸드학습 코칭은 창의성, 예술적 감각을 기르고 독창성과 잠재력을 개발하여 창의적 체험활동을 하게 하여 학습에 많은 도움을 준다.

쉬어가기

푸드표현예술이란?

음식(푸드)을 재료로 하는 친숙한 소재를 사용하여
여러 사람들을 거부감 없이 쉽고 편안하게
놀이처럼 즐겁고 행복하게 한다.

또한 흥미와 재미를 유발시켜 행복감을 안겨 준다.
누구나 쉽게 작품을 만들고 5감을 통해 표현하며
자기 작품이 예쁘고 근사한 것에 대해 스스로 만족해
하여 자신의 작품에 놀라워한다.

자연소재 그 자체만으로 이미 최고 예술작품이며 아름답게 균형과 조화를 스스로 이뤄 만족감을 준다. 또한 뇌의 인지 발달에 도움이 되고 자기 효능감도 향상된다.

5감

1) **맛** — 입
2) **향기** — 코
3) **촉각** — 손
4) **청각** — 귀
5) **시각** — 눈

> 푸드동화 속으로

육군, 해군, 공군 그리고 목장

    종영이의 형 대영이는 올해 대학교에 들어갔습니다. 모두가 부러워하는 서울대학교에 입학한 것입니다. 그래서 서울로 떠나갔기에 종영이는 퍽 심심합니다.
    종영이와 형의 나이는 꼭 십 년 차입니다. 어머니는 형을 낳고 난 다음 아이를 더 낳지 않으려고 했는데 뜻밖에 아이가 생겨 낳을 것인가, 말 것인가? 고민을 많이 했다나 어쨌다나요.
    "넌 세상에 안 나올 녀석이 나온 거야."
    형은 심심하면 놀렸습니다. 그러나
    "낚시 갈까?"
라며 같이 놀아줄 때는 형이 참 좋습니다. 그러던 형이 사라져 버렸으니 그립습니다.
    방학이 되자 그렇게 보고 싶던 형이 나타났습니다.
    "형! 형은 서울 사람이 다 됐네."
    껑충껑충 뛰며 형의 품에 뛰어들자 형은 웃으며
    "어이구! 몇 개월 동안 키가 이렇게 많이 컸어?
    저리 가, 징그러워."

하며 떠밀어냅니다. 그러고 보니 형은 공부하느라 고생을 했는지 얼굴이 좀 야위어 보입니다. 햇볕도 쬐지 않았는지 하얗습니다.

그날 저녁 어머니는 형이 왔다고 평소보다 푸짐하게 밥상을 차렸습니다.

"어머니가 차려 주는 음식이 가장 맛있어요."

형은 엄지손가락을 치켜세우고는 아구아구 맛있게 먹습니다.

"치, 형이 오니까 소갈비도 사 오고……."

시샘도 났지만, 형이 잘 먹으니까 그런 맘도 쑥 들어가 버립니다.

"하숙집 밥은 먹을 만하냐?"

아버지는 괜히 기분이 좋으신지 지나가는 말로 물어보십니다.

"네, 어머니 솜씨만은 못해도 먹을 만해요."

형은 기분 좋게 대답합니다.

그날 저녁 내가 숙제한다고 내 방에서 끙끙거리는데 홀에서 어머니와 형의 이야기하는 소리가 들렸습니다.

"진짜, 음식이 먹을만 해?"

"사실은 부식이 좀 그래요. 순전히 푸른 목장 일색이에요."

종영이는 절로 귀가 홀로 갔습니다.

'뭐?! 푸른 목장이 뭐야? 푸른 목장에서 우유를?'

라며 호기심이 이는데 어머니가

"저런! 깍쟁이구나. 도대체 육군은 며칠 만에 올라오는 거냐?"

"육군은 일주일에 한 번쯤, 그 흔한 해군도 간혹 올라오는데 공군은 꿈도 못 꿔요."

"네가 그렇게 못 먹으니까 야위었지."

종영이는 이제 궁금해서 도저히 그냥 있을 수가 없습니다. 형이 대학교에 들어간 게 아니고 군대에 갔다는 거야, 뭐야?

"형이 군에 간 거야? 그런데 육군은 푸른 목장과 어울리는데 해군은 푸른 바다, 공군은 푸른 하늘이 맞는 거 아냐?"

홍두깨 같이 나타난 종영의 말에 어머니랑 형은 깔깔대며 웃습니다.

"종영아. 너 엿들었구나. 하라는 공부는 안 하고."

"엿들은 게 아니라 저절로 귀에 들어왔단 말이야."

어머니는 곧 얼굴색을 바꾸시며

"종영이도 알아야지. 반찬에 푸른 목장이란 식물성 즉 김치, 나물 등을 말하고 육군은 육고기, 해군은 바닷고기, 공군은 뭐겠어."

"아함 알았어요."

머리를 긁으며 종영이는 배시시 웃습니다. 마당에는 어둠이 짙게 깔리고 있었습니다.

푸드야 놀자 (2)

푸드표현 주제	• 푸드를 통하여 자기의 마음을 스스로 이해하기
푸드표현 학습목표	• 자기 자신을 생각하고 함께 공동작품을 만들면서 화합과 조화로 순수한 즐거움을 알게 한다.
푸드표현 준비물	• 바나나, 8절지, 전지
푸드표현 라포형성	• 두 사람씩 짝을 짓고 두 사람 사이에 8절지를 놓고 바나나를 하나씩 나누어 준다. 바나나 껍질을 반쯤 벗겨 껍질 부분을 손잡이로, 벗겨진 부분을 칼날로 하여 두 사람이 칼싸움을 시작한다.
푸드정서표현	• 바나나 껍질과 속을 이용하여 8절지에 자기가 생각나는 어떤 작품을 만든다. • 자신의 작품에 제목을 붙이고 무엇을 표현한 것인지 서로

설명하고 그때의 느낌을 서로 이야기한다.
- 큰 전지를 바닥에 깔고 모든 사람이 바나나 껍질을 이용하여 모두의 소망을 담은 '소망나무' 또는 '우리가 살고 있는 곳, 살고 싶은 곳'의 풍경을 만든다.

푸드표현 자기긍정과 자기이해	• '소망나무' 주위에 빙 둘러서서 자신의 소망을 하나씩 이야기한다. • 자기의 소망을 메모지에 적어서 붙인다.
푸드표현 함께하기	• 순수한 즐거움을 만끽해 보고 삶의 활력을 찾는다. • 칼싸움을 통해 자신의 공격성을 충족시키고 성취나 좌절감을 경험하게 하고 이를 통해 자기 자신의 힘의 욕구를 깨닫게 한다. • 함께하는 공통 작품을 통해 자신의 공격성을 화합과 조화로 승화시킨다.

쉬어가기

참된 승자와 패자

❶ **승자**는 실수했을 때 "내가 잘못했다."고 말합니다.
   패자는 실수했을 때 "너 때문에 이렇게 되었다."고 말합니다.

❷ **승자**는 어린아이에게도 사과할 수 있고
   패자는 노인에게도 고개를 숙이지 못합니다.

❸ **승자**는 문제 속에 끼어들 줄 압니다.
   패자는 문제의 변두리에서만 끼어들 줄 압니다.

❹ **승자**의 주머니 속에는 꿈이 있고
   패자의 주머니 속에는 욕심이 있습니다.

달걀게임

모두 다리를 약간 벌리고 원형으로 안쪽을 향해 서서 한 사람이 다른 사람 다리를 통과할 수 있도록 공을 굴리는데 게임을 하는 사람은 다리를 움직일 수 없고 공을 막기 위해 손은 사용할 수 있다. 공이 다리 사이로 굴러나가게 되면 그 사람은 탈락하게 된다.

푸드동화 속으로

김치야, 나와라

부승이는 4학년 4반이 되었습니다.

새 교실, 새 친구, 새 교과서, 그리고 새 선생님! 새로운 각오로 학교에 갔습니다.

담임 선생님은 얼굴이 낯설었습니다. 아마 우리 학교에 새로 오신 듯합니다.

첫날부터 모둠을 만들어 주셨습니다. 한 모둠에 네 사람씩 모두 다섯 모둠입니다. 부승이네 모둠은 남학생이 둘, 여학생이 둘 그중에서 역할을 정하라고 말씀하셨습니다. 선생님은 모둠장, 발표자, 기록자, 조사자라고 각 역할 이름을 칠판에 썼습니다. 정하기가 어려웠지만, 그 역할은 일주일을 기준으로 돌아간다는 말에 쉬워졌습니다.

자기소개부터 하기로 했습니다. 먼저 부승이가 아이들을 둘러보며 말했습니다.

"내 이름은 김부승, 3학년 때는 1반, 좋아하는 과목은 국어야."

"난 박광원이라고 해. 3학년 땐 2반, 과목은 수학을 좋아해. 그리고 축구도."

"주제성! 3학년 땐 5반, 과학을 좋아하고, 나도 축구를 좋아해."

"난 한민성이고, 3학년 땐 6반, 미술을 좋아해."

아이들의 소개가 끝나자 역할 맡기에 들어갔습니다.

"이왕 맞는 매 일찍 맞지. 내가 모둠장 할게. 발표자는 누가 할래?"

키가 큰 안경잽이 광원이가 기운차게 말하고는 부승을 바라봅니다.

"아나운서가 꿈이니까 내가 맡지. 그럼 기록자는?"

"내가 맡을게. 난 앞으로 문학가가 될 거거든."

"뭐야, 남은 건 조사자잖아. 싫지만 할 수 없이 내 몫이네."

모둠 아이들은 반에서 가장 먼저 역할 결정을 마무리 짓자 기뻐서 손뼉을 쳤습니다.

"앞으로 우리 모둠 뭐든지 잘 되겠다."

광원이는 좋아서 선생님에게 쫓아 나갔습니다.

"우리 모둠 역할 다 정했어요."

"그래, 역할 대로 이름을 써 와."

대부분 쉽게 해결되었지만, 끝까지 고집을 피우며 소란스러운 모둠도 있었습니다.

선생님은 미리 모둠 이름은 정하여 놓고 모둠장들을 나오라고 해서 추첨을 했습니다. 부승이네 모둠은 진달래입니다. 각 모둠 이름이 꽃이름으로 되어 있습니다. 개나리, 무궁화, 나팔꽃, 해바라기.

"그럼 오늘 당장 일거리를 주겠다. 각 모둠은 우리나라 자랑인 김치 종류를 조사하는 문제다. 시간은 10분 동안이다. 할 수 있겠지?"

"인터넷을 이용해도 됩니까?"

광원이가 물었습니다.

"그래. 단 무슨 김치인지 설명할 수 있어야 한다."

각 모둠은 머리를 맞대고 너도나도 스마트폰을 꺼내어 김치 종류를 조사하였습니다. 기록자는 번호를 매겨가며 써 내려갔습니다.

"그만!"

선생님이 중지시키고는 각 모둠 발표자에게 묻습니다.

"몇 가지냐?"

결과는 무궁화 모둠이 가장 많은 수의 김치를 열거하였습니다. 무궁화 모둠은 좋아서 두 팔을 흔들며 좋아했습니다.

"조사를 많이 하는 게 문제가 아니라 놀이를 통해 이기는 모둠이 오늘의 승리 모둠이 된다."

놀이를 한다는 말에 아이들은 귀를 쫑긋 세우고 듣습니다.

"시계 반대 방향으로 도는데 김치 한 가지씩 모둠원 전체가 같이 말하는데 손뼉치기로 박자도 맞추어야 한다."

선생님은 시범을 보여주었습니다.

"한 모둠이 '우리는 좋아해 배추김치, 손뼉 두 번 칠 동안 다음 모둠은 우리는 좋아해. 배추김치와 깍두기. 그 다음 모둠은 우리는 좋아해. 배추김치와 깍두기와 무김치…… 이렇게 자꾸 기차처럼 보태어 가는 거야. 그러다가 박자를 놓치거나 김치 종류를 대지 못하는 모둠은 실격되고. 그다음은 또 한 모둠이 떨어져 나가고, 마지막 남은 모둠이 우승이 되는 거야. 어때 재밌겠지?"

놀이가 시작되었습니다. 다섯 모둠이 모두 경기에 참여할 때는 차례로 하다가 한 모둠이 떨어져 나간 뒤부터는 선택하여 이어받을 것을 지명합니다. 즉 깍두기라고 한 뒤에 '진달래' 하며 전 모둠원들이 손가락으로 그 모둠이 있는 곳으로 가리킵니다. 그 모둠은 다시 자기 모둠을 시킨 그 모둠을 향하여 되받아 보낼 수 있습니다.

어느 모둠이 이겼을까요? 우리도 한번 해봐요.

◆ **놀이 방법을 알고, 놀이를 해 봅시다.**
◆ **우리 밥상에 오르는 김치에는 어떤 것들이 있을까요?**

 # 푸드야 놀자 (3)

푸드표현 주제	• 자신의 상징물에 대해 자유롭게 표현하기
푸드표현 학습목표	• 뻥튀기 과자로 자기 생각과 느낌을 자유롭게 먹으면서 표현함으로써 긴장을 해소하도록 한다.
푸드표현 준비물	• 뻥튀기 과자, A4용지, 요구르트 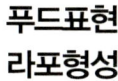
푸드표현 라포형성	• 참여자에게 뻥튀기와 A4용지 한 장씩 나누어준다. • 잠시 눈감고 조용한 음악을 들으며 자유롭게 자신과 만남의 시간을 갖는다. • 규칙을 설명한다. 형상을 내는 데는 입술, 치아, 혀, 침만 사용한다.
푸드정서표현	• 주어진 뻥튀기를 이용해 자신의 상징물에 대해 무엇이든 자유롭게 생각나는 것을 표현하도록 한다.

(기호, 형상, 동물 가면, 추상적 표현 등)
- 자신이 만든 작품에 제목을 붙이고 무엇을 표현한 것인지 의미를 부여하고 서로 이야기한다.

푸드표현 자기긍정과 이해	- 새로운 여행에 앞서 자신과 만나는 시간을 가진다. - 자신의 생각과 느낌을 자유롭게 먹으면서 표현함으로써 긴장을 해소한다. - 푸드표현예술을 놀이처럼 즐길 수 있는 여유를 갖게 한다.
푸드표현 함께하기	- 뻥튀기는 작업 중에 깨지는 경우가 많다. 이럴 때 새 뻥튀기를 주어진 자신의 역경을 다른 사람의 도움으로 쉽게 넘어가기보다는 자신의 문제를 자신이 해결할 힘이 있음을 알려주고 격려해 줌으로써 쉽게 좌절하거나 포기하지 않는 자아와 탄력성을 키울 좋은 기회를 삼아야 한다.

쉬어가기

기억력과 창의력 게임

　20개의 물건을 바구니에 넣고 참가자 모두에게 10초간 보여주고 각자 기억하는 물건의 이름을 종이에 쓰게 한 후 종이에 쓴 낱말이 모두 포함되게 글짓기를 하게 한 후 발표하게 한다. 진행자는 기억한 물건의 개수별로 3점, 글짓기 40으로 100점으로 평가한다.

당신은 성공의 신과 시계탑 앞에서 만나기로 했습니다.
신은 당신의 바로 등 뒤에 와 있는데도
당신은 좀처럼 눈치를 채지 못하고 있습니다.
참을성 없는 당신은
"역시 오지 않는 구나" 하고 금방 실망하고 맙니다.
반드시 올 거라고 믿고 있다면
그 주위에서 좀 더 시간을 끌며 기다려 보십시오
여기 저기 찾아 다닐 필요 없습니다.

인내심을 가지고 지금 하는 일에 좀 더 집중하십시오
포기하려고 할 때가
성공의 문이 열리려고 하는 순간입니다.

제5장 푸드표현예술 지도와 실제(아동 편)

> 푸드동화 속으로

수박 한 덩이

    이제 막 아침을 먹었는데도 매미가 벌써 감나무 가지에서 요란하게 울어댑니다. 오늘도 무더울 모양입니다. 엄마는 찌는 듯한 더위 속에서도 논에 일하러 갑니다.
    "수리야, 토리 울리지 말고 잘 데리고 놀아라."
    나가면서 엄마는 신신당부합니다.
    "예. 엄마, 수고하고 오세요."
    이제 수리는 인사도 잘합니다. 그러자 동생 토리가 따라서
    "엄마, 잘 다니!"
    혀말린 소리로 인사한다고 머리를 꾸벅 숙이는 토리
    "그래 우리 아들 착하지."
    토리 볼에 뽀뽀를 해 주고, 엄마는 손을 흔들고 나갑니다. 그렇지만 걱정입니다. 토리가 입이 아프다며 통 아침밥을 안 먹으려 했기 때문입니다. 수리는 여섯 살, 토리는 세 살, 이 어린 형제를 남겨놓고 나가는 엄마 마음은 불안합니다.
    아닌 게 아니라 엄마가 보이지 않자 토리는 칭얼대기 시작합니다.
    "토리야, 내 미꾸라지 잡아줄게."

수리는 달래느라 꾀를 냅니다. 씹던 껌을 기둥에 붙여놓고 대소쿠리와 깡통을 찾아 부리나케 대문 밖으로 가 고랑을 후빕니다. 이웃집 또래들이 어느새 몰려듭니다. 오늘따라 미꾸라지들은 돌 틈으로 숨어버리고 아무리 꼬챙이로 쑤셔도 나오지 않습니다. 마음이 급한 수리는

"돌이야, 너 좀 잡아 볼래?"

하고는 토리가 그 새, 우는지 어쩐지 집으로 뛰어갑니다. 돌이와 철이도 잡는 것을 그냥 두고 뒤따라 달려갑니다. 무엇 때문에 빨리 달려가는가 싶어.

신통하게 토리는 징징거리지 않고, 마루 가운데 양발 괴고 앉아 있습니다.

"앗, 없다!"

수리는 깜짝 놀라 소리칩니다.

"뭐 말이냐?"

따라온 철이가 의아해서 물어봅니다.

"여기 붙여놓은 껌이 없어져 버렸다."

수리는 신기하다는 듯 기둥을 가리키고 철이를 돌아봅니다. 철이도 기둥을 보다가 기둥 밑 땅바닥을 보다가 아무래도 토리가 수상쩍다는 생각이 나는지 토리를 요리조리 뜯어봅니다. 토리는 입을 오물거리지도 않고 오뚝하니 앉아 있습니다.

"토리 네가 껌을 떼어 먹었니?"

수리는 행여나 눈이 동그래지며 물어봅니다.

"흐응."

토리는 뜻밖에 떼어 먹었다고 대답합니다.

"아이고, 우리 토리가 떼어 먹었단다."

깔깔거리고 웃는 수리는 동생을 넌지시 바라봅니다. 어느새 껌 붙이는 걸 봤을까 생각하니 동생이 귀엽기만 합니다. 토리는 아직 껌을 어떻게 씹는 줄 몰라 꿀꺽 삼켜버

립니다.

"토리야, 이제 배부르나?"

"흐응."

"내 껌 먹었으니 또 기다려라. 미꾸라지 많이 잡아올 테니."

"흐응."

토리는 형의 말을 잘 듣습니다. 그런데 토리 배 속에서는 꼬르륵 소리가 납니다.

다시 고랑으로 온 수리는 돌이 보고 소쿠리를 받치게 하고 철이 보고는 물을 푸라고 합니다.

"욘석들, 담장 넘어질라. 줄방구만 한 것들이 뭐 잡는다고 야단이야."

옆집 아저씨가 고함을 칩니다.

"에이."

투덜대며 일어서는 세 아이는 뻘이 얼굴까지 튀었습니다. 미꾸라지 잡기에 실패하고 걸어 들어오니 다시 토리는 징징거리고 있습니다.

"토리야, 왜 그러니?"

묻는 수리도 울상이 됩니다. 엄마가 나가면서 토리를 울리지 말랬는데 어떻게 하면 좋을까요? 돌이와 철이는 우는 토리를 보니 재미가 없어져 슬며시 가버렸습니다.

"매미 잡아줄까?"

요란하게 울어대는 매미는 너무 높은 곳에 있습니다. 어느 가지에서 울고 있을까 바라보는데 감나무 잎들이 햇볕을 받아 눈이 부십니다. 콧등에 땀이 송골송골 맺힌 수리는 갑자기 생각난 듯

"밥 줄까?"

"싫어."

입이 아파 침까지 흘리는 토리는 도리질합니다.

마을회관 스피커에서 차머리에 수박 차가 왔다고 외치고 있습니다. 그러나 엄마가 주고 간 용돈으로는 어림도 없을 것 같습니다.

"토리야, 수박 사 올까?"

"흐응."

토리가 얼굴이 밝아지며 좋아합니다. 수박만 살 수 있으면 토리의 칭얼거림을 한동안 막을 수 있겠지요. 아직 직접 수박 사러 간 적이 없지만, 오늘은 용기를 내어 차머리로 가 봤습니다. 하동에서 왔다는 수박이 많이도 쌓여 있었습니다.

"아저씨, 제일 싼 게 얼마에요?"

수리는 호주머니 속의 동전을 만지작거리며 조그만 소리로 묻습니다.

"5천 원이다."

밀짚모자를 쓴 아저씨는 제일 싼 걸 묻는 수리를 내려다보며 싱긋 웃습니다.

"2천 원짜리는 없어요?"

"없는데. 왜 2천 원 뿐이니?"

"예."

수리는 풀이 죽어 대답합니다.

"옛다. 인심 썼다."

수박 파는 아저씨는 처음 보는 사람인데도 수리에게 기분 좋게 수박을 한 덩이 선뜻 줍니다.

"고맙습니다."

수리는 큰소리로 인사를 하였습니다.

"뭘. 가서 맛있게 먹어라."

아저씨는 마음 좋은 분인가 봐요. 수박처럼 마음속이 발갛게 좋으신가 봐요.

수리는 너무도 기쁩니다. 깡충깡충 뛰어가는 저 앞에 토리가 서투른 걸음걸이로 마중 나와 있습니다. 수리를 보자 좋아서 손뼉까지 칩니다.

"토리야, 엄마 몫도 좀 남겨두자."

"흐응."

정답게 걸어가는 수리네 형제 머리 위에서 해님은 방긋방긋 웃고 있습니다.

◆ 과일 채소에는 수박 이외에 어떤 것들이 있을까요?
◆ 과일과 과일 채소를 어떻게 구분하는가요?

04 푸드야 놀자 (4)

푸드표현 주제	• 자신의 강점을 푸드표현으로 작품 만들기
푸드표현 학습목표	• 자기의 남다른 개성이 무엇인지 생각해 본다. • 상상력과 독창성을 일깨워 푸드 재료를 활용하여 자신의 강점을 살려 푸드표현 작품을 만든다.
푸드표현 준비물	• 비스킷, 초콜릿시럽, 가락국수, 작은 접시
푸드표현 라포형성	• 먼저 마음을 가라앉히고 자신이 잘하고 있는 것을 생각해 낸다. • 친구로부터 나의 장점과 특징이 무엇인지 서로 이야기한다. • 작은 접시 위에 초콜릿시럽 등을 적당히 덜어놓고 가락국수를 이용하여 비스킷 위에 자기의 강점을 자신감과 긍정적인 마음을 푸드표현한다.

푸드정서표현	• 작업이 끝나면 어떤 마음을 푸드표현했는지를 서로 이야기한다. • 충분한 대화가 이루어지면 서로의 마음이 소중한 것을 알게 한다. • 만든 푸드표현작품에 대해 서로 이야기한다.
푸드표현 자기긍정과 이해	• 자신에게 가장 소중한 사람이 누구인지 재확인한다. • 자기의 창의성이 푸드표현작품에 잘 표현되었는지 느껴본다. • 효능감을 향상시키고, 긍정적 푸드표현 자원을 탐색할 수 있다.
푸드표현 함께하기	• 자기의 꿈을 마음껏 상상력과 창의력으로 푸드표현하고 서로 이야기한다. • 효능감을 향상시키고, 긍정적 푸드자원을 탐색할 수 있다.

쉬어가기

손가락 접기 게임

다섯 개 손가락을 펴고 돌아가면서 "무엇 무엇을 한 사람은 접어"라고 조건을 말하면 해당하는 사람은 손가락을 하나씩 접도록 하는데 5개 손가락이 모두 접게 되면 그 사람은 벌칙을 수행한다.

<예문> "빨간 옷 입은 사람 접어."
"안경 쓴 사람 접어."
"검정색 양말 신은 사람 접어."
"바지 입은 사람 접어."
"치마 입은 사람 접어."

푸드표현예술치료의 기본정신
- **향상성** : 자연치유, 돌봄, 질서와 조화, 자기복원력
- **독창성** : 자아실현의 욕구, 자기다움, 자기실현 경향성
- **창조성** : 타고난 거대한 자원, 문제해결력
- **자율성** : 자기결정성

푸드표현예술치료 원리
- 몰입, Here and Now, 긍정의 감성언어 사용
- 자기실현 경향성지지, 셀프저널을 통한 알아차림
- 일상에서 변화로 적용 통합된 삶

푸드동화
속으로

꼬꼬의 하루

'오늘은 어쩐지 무슨 좋은 일이 일어날 것만 같다.'

꼬꼬는 아침부터 괜히 마음이 설렙니다. 주인아저씨와 아줌마는 경운기에 꿀꿀이를 싣고 나란히 앉아 저 멀리 사라졌습니다. 이제 꼬꼬가 대장을 해도 괜찮을 것 같습니다. 뒤뚱거리며 앞마당으로 갑니다.

"어디로 오는 거야? 저리 가!"

멍멍이가 마루 밑에 누워 있다가 고개를 들며 소리칩니다. 처음부터 일이 뒤틀리기 시작합니다. 정면으로 싸우면 멍멍이에게 자신이 없습니다.

"멍멍아, 마당에 널려 있는 낟알을 줍는 거야. 괜찮지?"

"시끄러워."

"내가 줍지 않으면 짹짹이 그 애들이 다 주워가 버린단 말이야."

"시끄럽대도 그런다."

꼬꼬의 계획은 앞마당이 아니라 대문 밖으로 나가는 겁니다. 멍멍이가 저렇게 지키고 있으니 나갈 수가 없습니다.

대문 밖에는 멋진 세상입니다. 논들이 끝도 없이 누워 있고, 거기에는 새파랗고 살

찐 보리가 자랍니다. 그것뿐인가요! 노란 장다리꽃이 하늘거리는 도랑에는 미꾸라지도 있고, 잠자리 새끼도 있습니다.

　노랑나비를 따라 논둑에 나가면 졸졸 흐르는 시냇물이 있고, 그 위에 주둥이가 요상한 꽥꽥이가 거만하게 헤엄치는 것도 볼 수 있습니다. 그런데 못 나가다니요! 배꽃이 방실대고 살구꽃이 환하게 웃어주는 데도 뒷마당만 돌려니 지루합니다. 두엄더미를 헤집고 지네 잡기도 시시하고, 무른 땅을 파헤치고 지렁이 잡는 일도 시들합니다. 높다란 담장을 올려다봅니다. 옳지, 놀러갈 곳이 생각납니다.

　"움머소야, 노올자!"

　외양간 안에서는 아무 기척이 없습니다. 꼬꼬는 움머소가 늘 내다보고 새김질하던 창살도 없는 문으로 휘딱 날아오릅니다. 푸드덕 소리에 누워 있던 움머소가 고개를 돌립니다.

　"어머, 있으면서 대답도 안 해. 안녕?"

　"응, 안녕?"

　"너는 조용해서 좋더라."

　"애걔, 너는 그렇게 시끄럽게 떠들면서 조용한 게 좋다고?"

　"응, 일어서 봐. 진드기 잡아 줄게."

　"그럴래?"

　움머소는 벌떡 일어섭니다. 배와 다리에 진드기가 붙어 있습니다. 꼬꼬는 요리조리 찾아다니며 움머소의 피를 빨아먹는 진드기를 다 잡아주었습니다.

　꼬꼬는 기분 좋게 배가 부르자 밖으로 나가고 싶다는 생각이 사라졌습니다. 모래가 많이 섞인 텃밭 구석으로 갑니다. 해님도 높다랗게 떠올라 햇살도 충분합니다. 몸이 간질간질하여 모래밭을 발로 후비고 날개로 문대며 포금다리를 쳤습니다.

　그 요란한 소리에 낮잠을 즐기던 토순이가 잠이 깼습니다. 빨간 눈으로 모래를 뒤집

어써서 엉망이 된 꼬꼬를 내다봅니다.

"뭘 봐? 너는 말이 안 통해서 재미없더라. 말도 할 줄 모르는 벙어리야."

"난 네 말을 알아듣는데 네가 내 말을 못 알아들으니 바보지."

"그런데 토순아! 멍멍이하고 나하고 누가 좋으냐? 멍멍이는 멍청하고, 게으르고, 시끄럽고, 사납고, 그리고 또 뭐더라, 아무튼 참 나쁜 녀석이다. 가까이 가지 마라."

꼬꼬는 갑자기 일어나더니 온몸에 둘러쓴 흙모래를 털털 털어 냅니다.

'꼭 내 집 앞에서 턴단 말이야.'

토순이는 툴툴댑니다.

꼬꼬는 매애 군이 언덕배기에 보이자 아침 일이 떠오릅니다. 어쩌면 저 매애군에게 가면 좋은 일이 생길지 몰라.

"야아, 매애야! 안녕?"

이번에도 꼬꼬가 먼저 말을 건넵니다. 꼬꼬는 누구에게나 친절하거든요.

"저런 나쁜 녀석, 내가 네 친구냐? 이 수염이 안 보이니?"

매애는 그렇게 말했지만, 속으로는 반갑습니다. 꼬꼬는 늘 재미나는 소식을 많이 알고 있기 때문입니다.

"어허, 수염이 길면 대순가. 나처럼 머리에 볏을 써야지. 에헴."

"그럼 좀 채신머리를 지켜라. 대낮에 모래땅에서 목욕을 다 하고 말이야."

"채신머리 같은 것 너나 지키세요."

꼬꼬는 여기에서 밖으로 통하는 길이 있을 거라 사방을 두리번거립니다. 그러나 대나무만 빽빽하게 들어서 있어 끝이 보이지 않습니다.

"매애 군, 밖으로 나가는 길이 어디 있지?"

"없어. 돌담 만이 높이 있을 뿐이야."

매애 군은 매정하게 말했으나 꼬꼬는 멋진 뿔을 가진 매애가 좋습니다.

"오늘은 무슨 새 소식을 가지고 왔니?"

"없어."

꼬꼬는 매애 군의 흉내를 내어 멋지게 복수를 할 수 있어 기분이 좋습니다.

"매애 군, 또 올게."

꼬꼬는 아침부터 무슨 좋은 일이 일어날 것 같던 기분을 이제야 알 것 같습니다. 몸속으로부터 소식이 전해졌거든요.

소마구 위에 짚을 쌓아 둔 더그매로 올라갑니다. 집주인이 따로 알 둥우리를 만들어 주지 않아 알 자리가 거기에 있었기 때문입니다. 겨울 동안 알을 낳지 않아 잊고 있던 알 자리를 찾아갔을 때 다른 손님이 와서 살고 있었습니다.

"아니, 내 알 자리에 허락도 없이 누워 자다니."

꼬꼬는 비집고 들어앉아서 몸으로 밀쳐 버립니다. 쥐 사냥 갔다가 한참 만에 돌아온 야옹이는 그 꼴을 보니 기가 찹니다.

"꼬꼬야, 내 새끼들을 그러지 마."

야옹이는 눈에 불을 켜고 다가갑니다. 당장 도로 집을 뺏어버리고 싶지만, 새끼들이 있으니 조심해야지요.

"여긴 내 알 자리야."

꼬꼬는 새끼들을 발로 차내고 가운데 떡 버티고 앉아 있습니다.

"남의 집을 뺏는 날강도 같으니라고. 어서 다른 데로 가 봐."

"여기가 내 알 자리였다는 데도 그런다."

야옹이는 꼬꼬가 버티고 있는 한 집을 되찾기는 어렵다고 생각합니다. 새끼들은 꼬꼬가 무서워 어미 곁으로 엉금엉금 기어 옵니다.

꼬꼬는 배도 부르고 따뜻하여 느긋하게 알을 낳기로 마음먹고는 졸아가며 한참 후에 희고 따뜻한 알을 쏙 낳았습니다.

"눈도 코도 없는 알을 낳았다. 꼬댁 꼬꼬!"
"암탉이 울면 집안이 망한다고."
옆에서 지켜보던 야옹이가 입을 삐쭉거립니다.
"얘들아, 내가 알을 낳았단 말이다. 꼬댁 꼬꼬."
멍멍이가 잠을 깨고 웬일인가 쳐다보고, 누렁소도 새김질하며 내다본다. 한낮의 해님은 감나무 위에서 환하게 웃고 있습니다.

◆ 가축에는 식탁에 오르는 것과 오르지 못하는 것이 있어요. 각각 열거해 보세요.
◆ 가축 이외의 동물들이 우리 식탁에 오르는 것에는 어떤 것들이 있는가요?

푸드야 놀자 (5)

푸드표현 주제	• 아무런 조건의 제약이 없는 평온한 마음으로 자유롭게 푸드표현으로 예술작품 만들기
푸드표현 학습목표	• 모래, 소금처럼 미세한 알갱이 푸드재료의 특성인 유연성을 손끝으로 부드러운 촉감을 느끼면서 마음의 자유화와 마음의 유연성, 창의성을 유발
푸드표현 준비물	• 꽃소금, 팔절색지, 초콜릿볼
푸드표현 라포형성	• 준비물을 안내하고, '참고 푸드표현작품'을 감상한다. • 마음을 고요하게 하여 푸드표현작품을 구상한다. • 내 마음에 드는 색지를 고른다. • 색지 위에 소금을 적당량을 놓는다. • 손끝으로 촉감을 느끼며 푸드표현작품 활동을 한다.

푸드정서표현	• 자유롭게 떠오르는 생각과 느낌을 표현하며 초콜릿볼을 이용하여 꾸민다. • 작품에 제목을 붙이고 의미와 느낌을 나눈다.
푸드표현 자기긍정과 이해	• 창의성과 유연성을 발휘할 수 있고 무의식을 의식화하는데 도움이 된다. • 자유주제로 자유롭게 표현하면서 자신을 알고 행복감을 가지게 한다.
푸드표현 함께하기	• 다시 다른 작품을 만들게 하여 재구성의 의미를 나눈다. • 자기 자신의 마음과 대화하고 마음을 글로 쓰게 한다.

쉬어가기

모여라 게임

일렬 원으로 손잡고 서서 '빙빙 돌아라' 노래에 맞추어 오른쪽 왼쪽으로 돌다가 진행자가 호각을 불면서 부르는 숫자만큼 짝을 지은 후 손을 잡고 그 자리에 앉는다. 숫자가 맞지 않은 팀은 원 밖으로 나가고 맞은 팀은 게임을 계속하여 최후까지 남은 사람이 승리하게 된다. 숫자 이외에 태어난 달, 좋아하는 색깔, 같은 성씨, 사는 동네, 혈액형 등으로 모이도록 하는 방법도 일체감 형성과 서로에 대해 알아가는 데 도움이 된다.

제5장 푸드표현예술 지도와 실제(아동 편)

> 푸드동화
> 속으로

바다 왕의 실수

강민이는 일요일이면 아버지를 따라서 배를 타고 바다로 나갑니다.

포구를 벗어나 수평선이 보이는 넓은 바다로 나가면 절로 콧노래가 나옵니다. 아무리 더운 날이라도 바다에는 시원한 바람이 붑니다. 짭짤한 해풍이 저 멀리 남쪽에서 쉴 새 없이 불어옵니다. 서쪽 편 두미섬과 사랑섬은 바다 안개로 가려 하늘 한가운데 떠 있는 것 같이 보입니다.

아버지는 어디쯤 고기들이 많이 노는지 잘 압니다. 낚시질도 그물질도 잘하는 아버지에 비해 어머니는 고기잡이 일을 하기에 너무 약합니다. 그래도 요즘에는 일꾼이 없어 하는 수 없이 배를 같이 탑니다.

아버지의 팔은 강철같이 든든하고, 손은 솥뚜껑처럼 큽니다. 아버지는 바다에만 나오면 기운이 펄펄 넘치고, 가슴속이 탁 트이는 모양입니다. 고기를 가득 잡아 오는 날이면 방향키를 잡고 부르는 노래가 있습니다.

♪의리에 죽고 사는 바다의 사나이다.~

아버지는 스스로 마도로스 박이라고 자랑합니다. 그리고 20톤뿐이 안 되는 배 '강복호'를 100톤급으로 키워 먼바다까지 고기잡이를 나가는 게 꿈입니다. 자신을 강복호

선장이라는 말 대신에 왕이라고 하고 강민이를 왕자라고 하며, 고기 잡는 법을 얼른 배우라고 합니다. 하지만 어머니의 생각은 다릅니다.

"강민이를 당신 같은 뱃사람으로 만들어요? 안 돼요. 내년에는 도시로 나가야 해요."

"음마, 이렇게 좋은 곳을 놔두고 왜 도시로 가?"

"다 강민이를 위해서죠."

"강민이를 위한다면 더욱 여기에 있어야지. 그 복잡한 곳에 뭐하러 가?"

"그럼 평생 여기에서만 살 거요?"

"그래, 조상이 묻힌 이곳을 왜 떠난단 말이오? 도시에 가면 누가 밥을 주나, 술을 주나? 괜히 생고생만 하지."

"아유, 답답한 양반이네. 앞이 구만리인 사람이 왜 시골구석에만 파묻혀 있으려고 할까?"

"파묻혀 있다니! 이렇게 넓은 바다를 주름잡는데."

""못 말려!"

아버지와 어머니는 고기를 잡으면서도 말다툼을 했습니다. 그래도 집으로 돌아올 때는 바다를 닮아 넓은 마음이 됩니다. 배 밑창에 가득 실은 고기들을 보면 넉넉한 마음이 됩니다.

"핫핫핫, 나는 바다의 왕이고, 당신은 왕비요."

"시끄러워요. 왕은 무슨 왕? 해적왕이지."

"왕비 마마! 저 넓은 바다가 전부 다 우리 것이오. 핫핫핫."

오늘은 갯장어를 낚으러 왔습니다. 어머니 대신 강민이가 따라왔는데 축구공도 가져왔습니다. 이 좁은 배 위에서 어떻게 하려고 가져왔는지 어처구니가 없었지만, 아버지는 모르는 체하였습니다.

바다 가운데 닻을 놓고 장어잡이를 하려는데 강민이는 조심스럽게 제기 차듯 공을 발등에 통통 올려놓습니다. 아버지는 저러다가 바다에 빠뜨리면 어쩌려고 저럴까 염려가 되면서도 강민이의 잽싼 발재주에 마음이 끌립니다.

"강민아, 나도 한번 해 보자."

"이건 선생님이 사 주신 거예요. 빠뜨리면 안 돼요."

"안 빠뜨리면 되잖아."

그런데 결국 아버지는 큰 발로 공을 차다가 바다에 빠뜨렸습니다. 공은 파도를 타고 멀리멀리 떠밀려 갑니다.

"강민아, 내가 더 근사한 공을 사 주마."

강민이는 미안해하는 아버지를 원망할 수 없습니다. 저만치서 낚시질하던 금애 아버지의 고함소리가 들려옵니다.

"그걸 고기가 먹을 것 같은가? 허허허"

아버지는 겸연쩍게 웃으며 손을 절레절레 저었습니다. 어느덧 공은 보이지 않습니다. 아버지는 곧 강민이와 장어잡이 할 생각에 얼굴이 밝아집니다.

"강민아, 갯장어는 땅바닥까지 낚시가 닿아야 한다. 땅에 닿는 느낌이 손으로 오면 그때부터 방아 찧듯 들었다 놓았다 하며 갯장어를 꼬셔야 해."

"그럼 갯장어가 헤엄쳐 와요?"

"헤엄쳐 오는 게 아니라 땅굴 속에 있다가 나오는 거지. 조금 있으면 소식이 올 거다. 해 질 무렵에 잘 문다."

"앗, 물었어요."

"봐라, 빨리빨리 줄을 감아라. 수면에 고기가 나타나면 그때부터는 뱃전에 대고 줄을 감아라. 그렇게 하지 않으면 낚싯줄이 헝클벙클 되어 다시 못 쓰게 된다."

그러면서 아버지는 곁에 와서 돕습니다.

"어라, 난 눈이 없는 놈인 줄 알았더니 가만 보니 눈이 있네."

"눈 먼 고기가 다 있어요?"

"아가리를 벌려 낚싯줄을 빼라."

강민이는 미끌미끌한 몸통이 손아귀에서 곧 빠져나갈 것 같아 있는 힘을 다해 꽉 잡고 낚싯줄을 뺐습니다. 바구니에 담았더니 센 힘으로 위로 솟구치다가 내려가고 야단이 났습니다.

"야, 우리 강민이도 이제 일류 낚시꾼이 되었네."

장어를 잡은 것도 기분 좋은데 아버지가 칭찬까지 해 주니 더 신이 납니다. 뽈락어나 노래미 잡는 것하고는 수준이 달랐습니다.

"강민아, 바다에서 어떤 고기가 제일 똑똑하고, 어떤 고기가 가장 멍청한지 아니?"

"모르겠어요."

"가장 똑똑한 고기는 뽈락어고, 가장 멍청한 고기는 물메기란다."

"……."

"눈을 보면 안다. 뽈락어 눈은 또록또록하고, 물메기 눈은 흐리멍텅하거든."

"아하하, 재밌네요. 아버지."

"이번엔 딴 문젠데, 강민이 넌 도다리와 광어를 구분하겠니?"

"그것도 눈으로 구분해요?"

"그래, 맞다. 광어는 눈이 왼쪽으로, 도다리는 오른쪽으로 몰려 있어."

아버지는 공을 빠뜨려 미안해서 그런지 오늘은 자꾸 강민이를 보고 웃었습니다.

◆ 낚시한 경험을 이야기해 보고, 어떤 물고기를 잡았는지 발표해 봅시다.
◆ 우리 식탁에 오르는 생선들과 그 밖 바다에서 나는 것에는 어떤 것들이 있을까요?

06 푸드야 놀자 (6)

푸드표현 주제	• 나의 꿈과 희망 그리고 정성과 행복이 가득 담긴 '행복푸드표현 샌드위치' 만들기
푸드표현 학습목표	• 소중한 나의 꿈과 남을 배려하고 친절한 아름다운 마음으로 식용 푸드표현 재료를 이용해서 푸드표현예술 작품을 만들어 서로 기쁨을 나눈다.
푸드표현 준비물	• 식빵, 소스, 방울토마토, 접시
푸드표현 라포형성	• 나의 꿈에 대한 서로 이야기 나눈다. • 준비물과 만드는 방법을 소개한다.
푸드정서표현	• 각자 식빵을 접시에 올려놓는다. • 식빵 위에 소스와 방울토마토를 이용하여 나의 꿈을 나타내며 소중한 꿈을 표현한다.

푸드표현 자기긍정과 이해	• 각자 만든 작품의 주제와 소중한 꿈에 대한 이야기를 나눈다. • 각자 꿈의 이야기를 돌아가면서 이야기 나눈다. • 정리정돈한다.
푸드표현 함께하기	• '꿈꾸는 만큼 성장한다.'는 말처럼 큰 꿈을 갖게 하고 꿈을 구체화시키며 자신의 꿈을 성취하도록 믿음과 확신을 갖도록 한다. • 자기 꿈에 대한 이야기를 서로 나눈다. • 꿈을 꾸고 꿈을 나누는 과정을 통해 자신의 꿈을 점점 더 시각화하고 구체화하여 실현의 가능성을 높인다.

쉬어가기

1대 100 가위바위보 게임

강사가 수강자들을 손을 위로 올려 가위, 바위, 보를 하여 이긴 사람을 가린다.
진 사람은 자리에 앉는다.
강사가 가위를 내면 바위를 낸 사람은 서 있고 보를 낸 사람은 자리에 앉는다.
끝까지 하여 승자를 찾아낸다.

행복한 삶을 위한 좋은 습관 가지기

1) 잘 되리라는 확신을 가져라
2) 긍정적인 사고방식을 가져라
3) 자신 있는 일부터 시작하라
4) 일을 현실적으로 처리하라
5) 자신을 리드하라
6) 목표를 정해놓고 달성해 나가라
7) 상대방에게 친절하라
8) 작은 것도 소중히 하라
9) 매력적인 인간미를 갖춰라

> 푸드동화
> 속으로

새들의 노래자랑

정승골에 모여 사는 새들이 노래자랑을 하기로 한 그날이 왔어요. 노래자랑에 참가하고 싶은 새들이 다른 골에서도 몰려왔어요. 물론 노랫소리를 듣기 위해서만 온 새들도 있고요. 맨 먼저 남 앞에 잘 나서는 깜장 외투의 까마귀가 먼저 목을 가다듬고 한 곡조 불렀어요.

까욱! 까까욱! 내 노래 잘하지?
까욱! 까까욱! 내 노래 안 들으면
까욱! 까까욱! 후회합니다.

까마귀 노래를 들은 금테 안경의 부엉이는 힘차게 손뼉을 쳤어요. 다른 새들은 서로 어깨를 치며 '후해해' 웃어댔어요. 까마귀는 그렇게 내가 노래를 잘 불렀을까? 스스로 감격하여 우쭐거리는데 하얀 조끼를 입은 까치가 손으로 가위표를 만들며 나섭니다.
"깍깍! 박자가 안 맞아. 음높이도 안 맞고. 땡이야! 땡! 땡!"
까마귀는 까치가 평소 이웃사촌이라고 좋은 동무라 여겼는데 저렇게 여러 새들 앞에서 자기를 깎아내리니 뒤통수를 맞는 맛이었어요. 시원하게 복수를 해줄 멋진 말이 떠오르지 않아 답답했어요. 그러다가 번쩍 머리를 스치는 것이 있었어요.

"까욱! 여우는 내 목소리가 곱다고 칭찬했다 뭐!"

까치는 어처구니가 없다는 듯 깐닥깐닥 꼬리를 흔들며 비웃었어요.

"에게게! 그건 네 먹이를 뺏으려는 여우의 잔꾀인 줄 정말 몰랐니? 이 멍텅구리야."

"그럼 네가 나보다 더 영리하단 말이냐?"

"그래, 그리고 너는 재수 없는 새이고, 나는 재수 있는 새야."

"뭐지? 그건 또 무슨 뜻이야?"

"네가 울면 사람들이 침을 뱉으며 돌멩이를 던지지?"

"늘 그러지는 않아. 까욱!"

"난 말이야. 반가운 손님이 온다는 걸 알려 주니 예뻐해 준단다. 깍깍!"

그 말에 까마귀는 할 말을 잃고, 슬며시 뒤로 물러섰어요. 대신 까치는 까불대며 앞으로 나가서 신나게 노래를 불렀어요.

깍깍깍! 손님 온다 마당 쓸어라
깍깍깍! 손님 온다 마루 닦아라.
깍깍깍! 손님 온다 훨훨 춤춰라.

까치의 노랫소리를 들은 부엉이는 더 요란하게 손뼉을 쳤어요. 그걸 본 빨간 모자의 꿩은 부엉이가 잠이나 자지 않고 나타나 무조건 박수를 보내는데 못마땅하여 째려보다가 말했어요.

"너 노래나 까마귀 노래나 도토리 키 재기야."

"뭐? 까마귀는 음치인데 나도 음치란 말이냐, 뭐냐?"

"그런 게 아니라 내 노래를 들은 다음에 생각해 보렴."
"좋아, 그렇다면 얼른 불러 봐!"
"그러지 뭐. 노래는 모름지기 이렇게 불러야 흥이 나거든."
꿩은 까마귀나 까치처럼 혼자 부르는 것이 아니라 둘이 나와 마주 보고, 서더니 목을 곧추세우고, 노래를 부르기 시작했어요. 날개로 춤도 추며.

"꿩 꿩 장 서방! 꿩 꿩 꿩 서방!"
"어디에서 사나? 산 너머에서 살지."
"무얼 먹고 사나? 콩 까먹고 살지."
"누구하고 사나? 꺼병이 데리고 살지."

짝을 이루어 부르니 흥이 났어요. 거기다가 온 골이 쩌렁쩌렁 울리게 큰 소리로 부르니 뭔가 달랐어요. 까치는 할 말을 잊고 뒤쪽으로 물러섰어요. 꿩은 만족하여 사방을 둘러보며 한껏 뽐내었어요.
"야, 힘차고, 씩씩해."
"묻고 답하는 게 멋져."
이번에는 부엉이뿐만 아니라 많은 새들이 칭찬을 아끼지 않으며 손뼉을 쳤어요. 그러자 초록빛 목도리의 산비둘기가 시비를 걸며 나섰어요.
"그게 노래냐? 고함치는 거지."
"뭐라고? 산비둘기 제, 잘났어, 정말!"
"잘났다. 왜?"
"그럼 얼마나 잘하는지 불러 봐. 못 부르기만 해 봐라."
꿩은 화가 나서 낯이 발개져 뒤로 물러서고, 산비둘기가 잰걸음으로 나와 점잖게 새들을 향해 꾸벅 인사를 했어요.

　　구구구구 아비 죽고
　　구구구구 어미 죽고
　　구구구구 나 혼자서
　　구구구구 어찌 살꼬?

비둘기 노래가 끝나자 갑자기 모두 조용해집니다. 울 듯 말 듯 입을 다물고 비둘기를 바라보았어요. 부엉이는 슬퍼져서 아예 눈을 꼬옥 감았어요. 그 고요를 깨고 까마귀가 말했어요.

"까욱! 얘들아, 오늘의 노래 왕은 비둘기로 뽑는 게 어떻겠니? 이런 아름다운 노래는 처음 들어본다. 가슴을 울리는 노래다."

그러자 주홍색 턱받이 딱새가 거들며 나섰어요.

"그래요. 인사도 잘했잖아요."

비둘기를 노래 왕으로 뽑으려는 순간 머리를 수그리고 있던 꿩이 자신을 깎아내린 비둘기의 노래 흠을 잡아 손을 내저으며 나섰어요.

"너무 슬픈 노래는 싫어. 신세타령하는 것도 좋지 않다고 봐."

그 말에 노래를 부르고 싶던 주름치마를 입은 뻐꾸기도 찬성하며 말했어요.

"나도 싫어. 노래란 즐겁고, 씩씩해야 돼."

"그렇지! 뻐꾸기 네가 한 번 불러 봐"

"그럴게. 노래자랑에 내가 빠질 수 없지."

뻐꾸기는 날렵하게 몸을 흔들며 노래를 부르기 시작했어요.

뻐꾹 뻐꾹 봄이 오네.
춥던 겨울 지나가고
따뜻한 봄 돌아왔네.

뻐꾸기 노래가 끝나자 모두 와와 함성을 지르며 손뼉을 쳤어요. 휘파람을 부는 새도 있었어요. 뻐꾸기를 노래 왕으로 뽑는데 아무런 문제가 없을 것 같았어요. 뻐꾸기가 웃으면서 머리를 공손히 숙여 인사를 했습니다.

"잠깐만!"

그 갑작스러운 소리에 모두 무슨 일인가 얼굴을 찡그리고 돌아보니 금빛 양말을 신은 참새였어요.

"저희도 한번 노래를 부르고 싶어요."

덩치가 너무 작으니까 새들은 시뻐 보며 무슨 노래를 부르겠냐는 듯 콧방귀를 픽 하고 뀌었어요. 그러자 부엉이가 주위를 둘러보며 타일렀어요.

"어떤 새든지 노래 부를 자격이 있어요. 들어 본 뒤 결정하는 게 어때요?"

이 말에 모두 옳다고 고개를 끄덕거렸어요. 그러자 여러 마리의 참새들이 우르르 몰려나오는 게 아니겠어요? 쨱쨱거리며 힘차게 노래를 불렀어요.

동쪽 하늘 발그레 날이 밝으면
참새들이 쨱쨱쨱 날 새었다고
옹기종기 숲속에 모여 앉아서
날 새었소. 날 새어, 일을 하세요.

노래가 끝나자 박수 소리가 환호와 함께 요란하게 울려 퍼졌어요. 날갯짓을 하며 즐거워하였어요.

"야, 참새 합창단이로군, 노래는 역시 함께 부르는 게 좋아."

"오늘의 노래 왕은 바로 참새들이다."

"맞아, 그 내용도 좋잖아. 해가 졌다고 편히 쉬라잖아."

모두 칭찬을 아끼지 않았습니다. 그걸 듣고 있던 까치가 앞으로 나서며 조용히 하라고 고함을 쳤습니다.

"이 노래는 반칙이야. 참새들이 부른 노래는 사람들이 지어낸 거야. 내용에, 참새들이란 말이 나오잖아. 그러니 참새들 쟤네 노래가 아니란 말이야."

새들은 다시 수군거렸어요. 괜찮다는 새들도 있고, 절대 안 된다는 새들도 있습니다. 그런 모습을 보고 생각에 잠기던 부엉이가 나섰어요.

"누가 잘 불렀는지 왕 뽑는 것은 다음 모임에 하는 것이 어떻겠어요? 오늘은 그냥 노래잔치로 끝냈으면 합니다만……."

꾀꼬리가 당장 찬성했어요. 다음번에 은근히 자기가 노래 왕이 되겠다는 듯 남모르게 미소를 흘리며.

"좋아요. 오늘 노래 부르지 못한 새들은 열심히 연습해서 그때 멋지게 노래 부르도록 합시다."

그러자 까치가 가슴에 품은 욕심을 감추며

"오늘 부른 새도 다음에 또 불러도 되기!"

하며 까마귀에게 도움을 청하는 눈길을 보냈어요. 까치의 말이 떨어지자 괜찮다고 하는 새들과 안 된다고 하는 새들로 나뉘어져 왁자지껄 떠들어댔습니다.

07 푸드야 놀자 (7)

푸드표현 주제	• 자신감 향상, 내 마음의 안전지대와 마음의 편안함 찾기
푸드표현 학습목표	• 미래에 대한 마음의 편안함과 자신의 안전한 공간을 찾아 안전감을 찾게 한다.
푸드표현 준비물	• 삶은 달걀, 유성 펜, 종이컵
푸드표현 라포형성	• 미래의 성공한 자기 모습을 상상하기 위해 5분간 명상하기 • 활동 전에 달걀을 미리 삶아 둔다. • 소중한 자신이 보호받을 수 있는 안전한 공간을 표현한다. • 편안한 내 모습을 달걀에 나타내 보기
푸드정서표현	• 자신이 앞으로 살아갈 인생의 가치와 방향과 사명에 대한 삶은 달걀에 유성 펜으로 표현한다.

푸드표현 자기긍정과 이해	• 작품이 완성되면 자신의 작품에 대한 설명하고 서로의 느낌을 나누고 서로의 생각을 피드백 한다.
푸드표현 함께하기	• 삶은 달걀 껍데기를 깨고 알맹이를 이용하여 자신의 소명을 이루고 나서의 모습을 표현한다. • 껍데기에는 자신이 벗어버려야 할 껍데기 같은 것은 무엇인지 표현한다. • 미래의 가능성을 찾는 상상력을 자극하고, 상징성이 풍부한 매체이다.

> 쉬어가기

탁구공(풍선) 옮기기 게임

전원에게 1회용 숟가락을 나누어주고 두 줄로 서게 한 후 가장 앞에 선 사람에게 숟가락 위에 탁구공을 올려놓고 다음 사람에게 넘겨주어 가장 뒤에 선 사람이 마지막으로 준비된 컵 속에 넣도록 하여 가장 많이 옮긴 팀이 승자가 된다.

· 준비물 ·

탁구공 또는 풍선 10개, 일회용 숟가락 사람 수만큼, 종이컵

좋은 친구가 되고 싶다면 이렇게 해 보세요

1) 친구의 말을 좀 더 들어본다.
2) 입장을 바꾸어서 생각해보고 친구의 말을 이해해 본다.
3) 친구의 기분을 알아본다.
4) 서로의 생각이 다르다는 것을 인정한다.
5) 친구와 의견이 다른 경우라도 내 의견만 끝까지 고집하지 않는다.

다디다 무너무너 나조

　옛날 아주 옛날, 단군조선 2대왕 부루 임금 때 추운 겨울, 가륵 왕자가 심한 열병에 걸렸어요.
　왕자는 혀가 굳어 어눌한 말로 이렇게 말했대요.
"다디다~무너무너~나조."
어의가 왔으나 무슨 병인지 알지 못해 고개만 흔들었어요. 다만
"우선 기운 돋우게 입에 맞는 죽을 드시게 하옵소서."
곧 나라 곳곳에서 맛있는 죽들이 속속 도착했지요.
"성내에서 가져온 뜨끈뜨끈한 닭죽이옵니다."
"요동 땅에서 올라온 몰캉몰캉 씹히는 콩죽이옵니다."
"부여 땅에서 올라온 새알심 팥죽이옵니다"
"옥저 땅에서 올라온 달달한 호박죽이옵니다."
왕자는 거들떠보지 않고, 고개만 도리도리.
이번에는 왕이 신하들을 불렀지요.
"다디다~무너무너~나조."

귀 기울여 들어본 농사 대신이 먼저 말했어요.

"왕자님이 찾는 건, 땅에서 나는 문어 같사옵니다."

"땅에서 나는 문어라니?"

"땅에 나는 것 중에 문어처럼 다리가 많은 도라지를……."

그러자 총리대신이 그 말과 다른 의견을 내었거든요.

"바다의 문어를 원하고 있사옵니다."

"좋소. 그럼 누구 말이 옳은지 각각 구해오시오."

농사 대신은 도라지, 총리대신은 문어를 가져왔지요.

매콤달콤 요리해 왔으나 왕자는 입에 대보고 도리도리.

가끔 왕자 소문 들은 솔이와 바람쇠, 대궐에 갔지요. 그들은 왕자 친구거든.

"다디다~무너무너~나조."

그 말 듣고 솔이는 방긋, 바람쇠는 갸우뚱.

"임금님, 닷새만 주옵시면 왕자님이 원하는 걸, 구해서 가져오겠나이다."

대궐을 나서자 바람쇠는 솔이에게 물었지요.

"왕자님이 뭘 달라는지 알았어?"

"다디달고 물렁물렁한 건데 먼 남쪽 지방에 나는 거야."

"다디달고 물렁물렁한 거라니 도대체 뭘까?"

"아무튼, 거기 가서 집집마다 다녀보면 알게 돼."

"내가 바람처럼 다녀올게. 네 보라매를 빌려줘."

"수고 많겠다. 닷새 만에 갔다 와야 해!"

바람쇠는 휘파람으로 호랑이를 불렀어요. 바람처럼 호랑이가 나타났지요.

"호돌아! 나를 태우고 같이 갈 때가 있어. 아주 급하니 빨리 달려라."

보라매도 바람쇠 어깨에 앉아 쑹쑹 내려갔지요.

백두산 넘어서 하루 만에 금강산에 닿았어요. 동해바다 보이는 곳에서
"호돌이, 수고했어. 돌아올 때까지 여기서 기다려."
이번에는 동해바다 고래를 불러내었거든요.
"고돌아, 나를 태우고 태백산맥 따라 헤엄쳐 가라."
고래는 하루 만에 울릉도 지나 영일만에 닿았지요.
"고돌이, 고마워. 돌아올 때까지 여기서 기다려."
이번에는 멧돼지 불러 타고 지리산 골짜기로 들어갔는데요.
"보라매, 네가 나설 차례야. 골골 마다 집집 마다 많이 있는 걸 가져와."
이 집 기웃, 저 집 기웃, 이 골목에서 기웃 저 골목에서 기웃
그날 해지기 전에 보라매는 다디달고 물렁물렁한 걸 물고 왔지요.
바람쇠는 내려온 길로 다시 신바람이 나서 올라갔어요.
얼마 후 대궐 왕자 방에 나타난 송이와 바람쇠
송이는 고이 싸 온 다디달고 물렁물렁한 걸 왕자 입속에 넣어드렸지요.
왕자는 언제 그랬냐는 듯 혀가 풀렸지 뭐야.
"내가 먹고 싶던 거 맞아. 이게 이름이 뭐지?"
"곶감!"
"그래, 생각났다. 곶감이야."
왕자와 솔이, 바람쇠가 동시에 웃었대요. 하하하.

◆ 옛날부터 내려오는 우리 음식으로는 어떤 것들이 있을까요?
◆ 외국에서 들어와 우리의 음식으로 자리 잡은 것에는 어떤 것이 있을까요?

푸드야 놀자(8)

푸드표현 주제	• 공부환경 가꾸기, 내가 좋아하는 공부방 만들기
푸드표현 학습목표	• 내가 이상적으로 꾸미고 싶은 공부방을 푸드표현으로 독창적으로 만든다.
푸드표현 준비물	• 건빵, 네임펜, 젤리, 초콜릿
푸드표현 라포형성	• 간단한 게임을 시작하여 흥이 돋게 한다. • 학습할 내용과 나의환경에 대해 이야기 나눈다.
푸드정서표현	• 건빵으로 공부환경을 꾸미기 한다. • 네임 펜으로 방해요소를 제거한다. • 효과적 공부 방법으로 꾸미기를 한다.

푸드표현 자기긍정과 이해	• 효과적 공부의 선택 방법은 무엇인지 이야기 나누기 한다. • 나의 공부환경 꾸미기의 중요성을 알게 한다.
푸드표현 함께하기	• 학습과 직접 연결시켜 표현, 단순하지만 다양하게 선택과 집중의 중요성을 알게 한다. • 서로의 환경을 이야기하고 좋은 점을 찾아낸다.

놀이를 통한 푸드표현예술치료

쉬어가기

간단한 눈 체조하기

1) 초점 없이 가볍게 위를 쳐다본다.
2) 눈을 살짝 감는다.
3) 눈을 최대한 부릅뜬다.
4) 양쪽 시선을 왼쪽으로 고정한다.
5) 양쪽 시선을 오른쪽으로 고정한다.
6) 양쪽 시선을 위쪽으로 고정한다.
7) 양쪽 시선을 아래쪽으로 고정한다.
8) 눈동자를 시계 반대 방향으로 돌린다.
9) 눈동자를 시계 방향으로 돌린다.

영양소 나라

- **탄수화물** 우리가 움직일 수 있도록 힘을 줘요
  밥, 빵, 국수, 감자, 고구마, 밤, 옥수수, 과자 떡

- **단백질** 우리 몸이 피와 살을 만들고 몸을 튼튼하게 해줘요
  고기, 두부, 생선, 계란, 콩

- **지방** 우리 몸의 추위를 이겨내게 하지만 많이 먹으면 뚱뚱해져요
  마요네즈, 버터, 식용유, 초콜릿, 콜라

- **비타민, 무기질** 우리 몸에는 꼭 먹어야 해요
  키도 쑥쑥, 뼈도 튼튼, 눈도 초롱, 얼굴도 예뻐져요
  야채, 과일, 우유

> 푸드동화 속으로

소시지 다섯 개

　해가 벌써 높이 솟아올랐습니다. 앞뜰의 감나무 잎들이 꿈쩍도 하지 않습니다. 그 초록빛 안에서 짹짹 새소리가 들립니다. 어디 있는지 살펴보아도 모습은 찾아볼 수 없습니다.

　엄마가 외가에 간 지 사흘쨉니다. 외할머니가 밭일을 하다가 다쳐서 병원에 입원하셨기 때문에 급히 가셨습니다.

　"송원아, 딱 사흘만 간호하고 올 테니 그동안 할머니 모시고 잘 있거라."

　나는 얼떨결에 엄마와 약속했지만, 자신이 없습니다. 사흘이라고? 이렇게 큰일을 맡기는 처음입니다. 에라, 모르겠다. 어떻게 되겠지.

　그간 엄마가 만들어 놓고 간 오이와 미역으로 만든 냉채를 아쉬운 대로 아침까지 먹고 나니 동이 났습니다. 그래서 걱정입니다. 할머니는 매운 것을 드시지 못하기 때문에 반찬 만들기가 어렵습니다. 물론 매운 것 드신다 해도 반찬 만들기에 자신이 없지만……. 할머니께 냉채 이외는 변변한 반찬 하나 드릴 수 없어 미안합니다. 그렇지만 할머니는 내가 차려내 놓은 음식을 잡수시고는

　"우리 송원이 때문에 잘 먹었다."

하시며 웃으시는 모습에 힘이 났습니다. 주부가 된 듯한 뿌듯함도 함께 생깁니다.

점심은 할머니가 경로당에서 드시니까 안심입니다. 혼자서는 문제없습니다. 달걀빵 하나로 뚝딱 해결했습니다.

내가 좋아하는 만화영화를 보려고 점심을 이른 시각에 해치우고, 일찌감치 텔레비전 앞에 앉았는데 야호, 이렇게 고마울 수가! 앞집 아줌마가 삶은 국수를 한 그릇 담 너머로 건네줍니다. 안성맞춤입니다. 밥솥 안에 밥이 둘이 먹기에 모자랄 것 같아 걱정되었는데 딱 맞습니다. 군침이 돌았지만, 저녁에 먹기로 하고 냉장고에 넣어두었습니다.

산그늘이 길게 내려앉습니다. 점점 저녁때가 가까워옵니다. 궁리하다가 농협마트에 가서 할머니가 좋아하시는 김을 사 오자고 아끼던 마지막 만 원짜리를 가지고 갔습니다. 가서 진열장을 보니 소시지가 보였습니다. 이것도 물렁하니까 잘 자시겠다고 다섯 개짜리 2개를 샀습니다. 집으로 오는 발걸음이 가볍습니다. 이렇게 되면 저녁거리도 해결된 셈입니다.

앞집에서 준 국수를 내가 먹기로 했으니 나에게는 반찬이 별 필요 없습니다. 하지만 김은 할머니에게만 한 봉지 드린 대신 소시지는 나도 먹고 싶었습니다. 국수 반찬으로도 얼마든지 먹을 수 있잖아요! 다섯 개는 내일 아침에 먹기로 하고 우선 다섯 개만 접시에 담아 내놓았습니다. 그리고 할머니 손에 하나 쥐어드리며 연하다고 말씀드렸더니 잡수어 보고는 맛있다고 하십니다.

소시지 냄새를 맡았을까요. 그때 앞집 고양이가 소리도 없이 얼굴을 내밉니다. 문턱에 앞발을 올려놓고 앉아 있는 모습이 귀엽습니다. 소시지를 주려니까 솔직히 아깝습니다. 무엇을 주기는 줘야겠다고 밥상을 둘러보니 닭똥집이 눈에 들어왔습니다. 오래된 것이라 좀 질기고 맛도 변질되었습니다. 그래서 먹지 않고 여태껏 남아 있었습니다. 닭똥집 요리한 것 한 점을 밥상 밑으로 던졌습니다.

그랬더니 이 고양이 보세요. 냉큼 달려들 줄 알았는데 그게 아닙니다. 반갑잖은 얼굴로 나를 올려다보더니 마지못한 걸음으로 다가와 주둥이로 냄새를 맡아봅니다. 먹을 만한지 이빨로 이리저리 물어뜯더니 꿀꺽 삼키고 내 얼굴을 또 쳐다봅니다. 나 먹기는 싫고, 버리기는 아까운 판에 고양이 너 잘 만났습니다. 에라, 인심 썼다. 하고 하나 더 던져주었습니다. 맛을 알아버린 고양이는 고개를 돌려 딴짓거립니다. 먹을 생각은 않고요.

'고 맛도 없는 것 또 주냐. 먹기 싫은데유.'

하듯 본체만체하며 내 얼굴만 봅니다. 나는 웃음이 나왔습니다. 한편 가여운 생각도 들었습니다. 엄마가 안 계시니 요즘은 생선 대가리도 없어서 줄 거라곤 멸치뿐인데 그것 몇 마리 얻어먹고는 늘 배가 고팠으리라.

가여운 생각이 든 것은 배고픈 것만 아닙니다. 이 고양이는 옛일을 까먹어버렸다는 것입니다. 앞집에 살 때는 재롱을 부리며 귀여움을 받았는데 그만 길고양이들과 어울려 다니는 바람에 자기가 누구였는지 모르는 떠돌이가 되었습니다. 언제 그렇게 되었는지 길고양이처럼 사람을 피합니다.

어느 날, 찾아온 고양이가 반가워 주인이 예사로이 손을 내밀다가 발톱으로 할퀴어 상처가 나는 바람에 성이 단단히 났습니다.

"주인도 모르는 저놈! 아무것도 주지 마라."

하며 문을 쾅 하고 닫아버렸습니다. 그 후로 우리 집을 자주 기웃거렸습니다.

그런데 길고양이와 다른 점은 염치 좋게 배가 고플 때는 '야옹' 하며 먹을 것을 달라고 보채는 것입니다. 그게 귀엽습니다. 길고양이는 절대 사람을 보고 밥 달라고 조르지 않습니다.

그래도 배가 고픈지 한참 있다가 어슬렁거리며 다가와 깨물어 먹습니다. 세 개째 던져두어도 똑같이 싫은 듯 앉았다가 마지못해 먹는 모습이 예뻐서 이번에는 아깝지만,

소시지를 하나 던져주었습니다. 아까와는 달리 재빠른 반응을 보였습니다.

"요게 뭐시다냐?"

앞발로 끌어당겨 보고는 입으로 맛을 보더니, 이거 웬 떡이냐 하는 듯 날름 입에 물고는 문밖으로 사라집니다. 혼자서 몰래 먹으려는 고양이가 밉지 않고, 귀엽기만 합니다.

소시지는 그동안 내가 두 개 먹고, 접시에 하나만 남았습니다. 할머니는 한 개만 드실 것 같으니까 내가 한 개 더 먹어도 되겠다 싶어 접시에 눈을 보내는데 할머니가 어느 사이 앞으로 끌어가 들고 계십니다. 내가 더 못 먹어도 할머니가 맛있게 드시니까 기분이 좋습니다.

이래서 소시지 다섯 개를 할머니 두 개, 나 두 개, 고양이 한 개 사이좋게 나눠 먹은 셈입니다. 서녘 하늘에 초승달이 내려다보며 웃고 있는 것 같았습니다.

◆ **외국에서 들어와 우리의 음식으로 자리 잡은 것에는 어떤 것이 있을까요?**

푸드야 놀자 (9)

푸드표현 주제	• 학습능력 향상, 학습에 대한 푸드표현예술을 통하여 새로운 상상력을 기르기
푸드표현 학습목표	• 푸드표현예술을 통해서 창의력과 학습능력향상을 하게 하여 즐거운 학교생활을 하게 한다.
푸드표현 준비물	• 링 시리얼, 시리얼, 젤리, 모양 있는 다양한 과자
푸드표현 라포형성	• 창의력과 학습능력 향상을 푸드표현으로 나타낼 것을 서로 이야기 나눈다. • 학습의 중요성을 알고 푸드매체의 특성을 안다. • 푸드표현예술을 통한 여러 가지 만들고 싶은 것을 자유롭게 만들게 마음을 가진다. • 푸드매체를 준비한다.

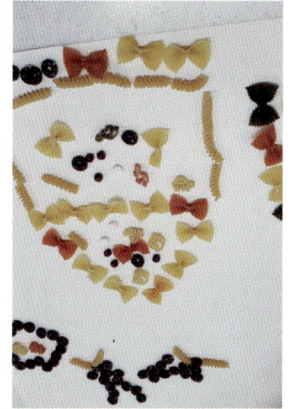

푸드정서표현	• 다양한 과자로 여러 가지 글자나 숫자를 푸드표현으로 작품을 제작한다. • 창의력과 학습능력을 푸드표현예술로 발휘하여 정성껏 나타낸다.
푸드표현 자기긍정과 이해	• 나타낸 숫자나 글자의 푸드표현예술 작품을 감상하며 서로 이야기한다. • 나의 푸드표현예술작품에 제목을 붙인다.
푸드표현 함께하기	• 서로간 푸드표현예술작품의 주제와 느낌과 생각을 이야기한다. • 창의성과 학습능력을 푸드표현을 통해서 각자 알게 한다. • 푸드표현예술의 중요성을 알게 한다.

쉬어가기

좋은 습관 기르기

❶ 반드시 잘 될 거라고 확신한다.
❷ 성공할 때까지 계속 노력한다.
❸ 실패를 성공의 어머니로 삼는다.
❹ 우유부단함을 버려라
❺ '자신 없다.' '할 수 없다.'라 생각하지 마라
❻ 쓸데없는 걱정을 하지 마라.
❼ '어차피'란 말을 하지 마라.

성공하는 7가지 습관

❶ 일을 스스로 잘 생각하고 선택하여 주도적 생활한다.
❷ 목표를 정하고 시작한다.
❸ 소중한 것부터 먼저 한다.
❹ 친구도 좋고 나도 좋은 방법을 찾아 언제나 친구들과 사이좋게 지낸다.
❺ 남의 말을 잘 듣고 내 생각을 말할 수 있다.
❻ 친구들과 힘을 합해 훨씬 더 훌륭한 일을 할 수 있다.
❼ 몸, 생각, 마음, 행동 네 바퀴를 강하고 힘차게 돌린다.

—스티븐 코비

푸드동화 속으로

초대받은 아이들

"엄마, 내 생일이 언제예요?"

영남이는 뜻밖에 생일을 챙깁니다. 이때껏 생일날이 언제 돌아오는지 도통 관심이 없던 아이입니다. 그런데 왜 갑자기 생일 타령일까요?

"다음 달 16일이지."

"앞당기면 안 돼요?"

"생일을 앞당기는 법이 어디 있니? 그런데 왜?"

"내 생일날 친구들을 초대하려고요."

"친구들을?"

"예, 그날 초대해도 돼요?"

영남이 어머니는 요즘 자꾸 달라지는 영남이를 보고 좋아서 어쩔 줄 모릅니다. 오늘도 입이 자꾸 벌어지며 춤까지 덩실덩실 추고 싶습니다. 그렇지만 궁금하기도 합니다.

"초대해도 되고 말고. 그런데 누구를 초대할 거니?"

"우리 분단 아이들요."

그래놓고 영남이는 빙글 한 바퀴 맴을 돕니다. 솔직히 말하자면 혜인이 혼자 초대하고 싶지만 어떻게 그럴 수 있나요? 다른 아이들이 놀릴 것이 틀림없습니다. 놀려도 좋지만, 혜인이가 놀림 받는 건 싫습니다. 내키지 않아도 민홍이와 종은이도 초대하려고 합니다. 나에게 분단장을 양보한 고마운 혜인이!

'생일 초대? 그것 좋지.'

언제 나타났는지 삽사리가 혀를 내밀며 영남이 곁을 맴돕니다.

"생일 초대하는 거 나도 좋아."

전봇줄 위에 앉았던 까치도 좋아서 지붕 꼭대기로 옮겨 앉습니다.

영남이는 생일이 되어도 친구를 초대한 때가 없습니다. 다른 친구들이 영남이를 오라는 것도 보지 못했습니다. 어머니는 은근히 걱정했는데 이제는 아닙니다. 마음 급하게 할 일이 아닌 걸 가지고 괜히 애태웠어요. 이제 영남이도 친구들을 사귄 모양입니다. 그렇군요. 영남이가 분단장이 되더니 큰 변화가 오고 있습니다.

"좋아, 생일잔치를 멋지게 차려줄 테니 이왕이면 더 많은 아이들을 초대하렴."

"아니 이제 됐어요."

영남이는 거절합니다. 초대해도 아이들이 오지 않으려고 하면 어떻게 해요? 사실 혜인에게 승낙을 받아놓은 거나 마찬가집니다.

"혜인아, 내 생일 때, 우리 집에 올래?"

"언젠데?"

혜인이는 관심을 가지며 물었습니다. 그런데 생일이 언제인지 몰랐거든요. 뒤늦게 어머니에게 물어본 겁니다.

뒤뜰에 노랗게 물들었던 은행나무는 이제 빈 가지만 쓸쓸하게 남아서 겨울을 맞이하고 있습니다. 감나무에도 잎이 모조리 다 떨어지고, 까마귀밥인지 가지 끝에 빨간 홍시 하나 뎅그렇게 달려 있는 게 보입니다.

영남이 생일날이 되자 아들을 위하여 어머니는 큰 마음먹고, 통닭도 한 마리 굽고, 생일 케이크도 근사한 것을 사놓고, 음료수도 넉넉하게 준비하였습니다.

민홍이는 초대를 받고 좋아서 어젯밤에 잠을 설쳤습니다. 영남이가 참 고맙습니다. 한 번도 친구들에게 초대받은 적이 없거든요. 물론 집으로 초대한 적도 없으니까 당연하지만요. 고생하시는 할머니께 차마 초대하겠다는 말을 꺼내지 못합니다. 세끼 밥도 겨우 먹는 살림에 생일날 친구들을 초대한다는 것은 어림없습니다. 그리고 사실 초대할 만한 친한 친구도 없고요.

초대받은 민홍이와 좋은이는 선물을 사 오지 않았지만, 옆집에 사는 준이는 조그만 선물꾸러미를 가져왔습니다. 그런데 오겠다던 혜인이는 아이들이 군침을 삼키며 기다려도 오지 않습니다.

"우리 먼저 먹자."

좋은이는 좀 쑤십니다. 민홍이도 오랜만에 맛있는 음식을 눈앞에 두고 보니 저절로 입안에 군침이 돕니다. 좋은이는 영남이 몰래 과자 하나를 얼른 입속에 넣습니다. 그걸 영남이가 봤습니다.

"좀 기다리라고 했잖아."

초조해진 영남이가 다시 전화를 겁니다. 그때 대문밖에서 영남이를 부르는 소리가 들렸습니다. 영남이는 껑충껑충 뛰어 마중을 나갑니다. 영남이 어머니가 밖을 내다보다가 깜짝 놀랍니다. 생각하던 것보다 더 예쁘게 생겼거든요. 닭들 속에 봉이 한 마리 나타난 것 같습니다. 물론 생일선물로 꽃다발도 손에 들고요.

"혜인이라고 했지? 우리 영남이를 잘 이끌어주어 고맙다. 많이 먹어라."

"예, 고맙습니다. 잘 먹겠습니다."

귀여운 아이가 말도 예쁘게 하니 어머니는 무엇이든 다 내놓고 싶습니다. 역시 혜인이로 인해 영남이가 많이 변한 모양입니다. 들며나며 살펴보니 아이들을 잘 이끕니다.

"영남아, 촛불을 불어 꺼."

하고 권하기도 하고요

"자, 우리 영남이를 위하여 생일축하 노래를 부르자. 시작."

노래도 잘 부릅니다. 다른 세 아이만 왔다면 이렇게 멋진 생일잔치가 되기에는 어림없습니다. 네 아이의 목소리 속에 은방울 구르듯 고운 목소리는 동글동글 굴러다니며 생일 분위기를 밝게 했습니다.

◆ 가족 행사에는 어떤 행사들이 있을까요?
◆ 생일잔치에는 어떤 음식들이 나올까요?

10 푸드야 놀자 (10)

푸드표현 주제	• 푸드라는 매체와 새로운 만남으로 새로운 기대 갖기
푸드표현 학습목표	• 푸드라는 친근하고 좋아하는 매체를 만지고, 놀고, 먹어 봄으로써 푸드표현 과정 전체에 대한 긍정적이고 즐거운 상상력을 가지게 한다.
푸드표현 준비물	• 양파링, 접시, A4용지
푸드표현 라포형성	• 나의 꿈에 대해 이야기 나눈다. • 꿈을 키우는 법을 이야기한다. • 작품재료 알아보기 • 정해진 시간에 양파링 끼우기 게임을 하여 가장 길게 끼운 사람에게 박수와 칭찬을 한다.

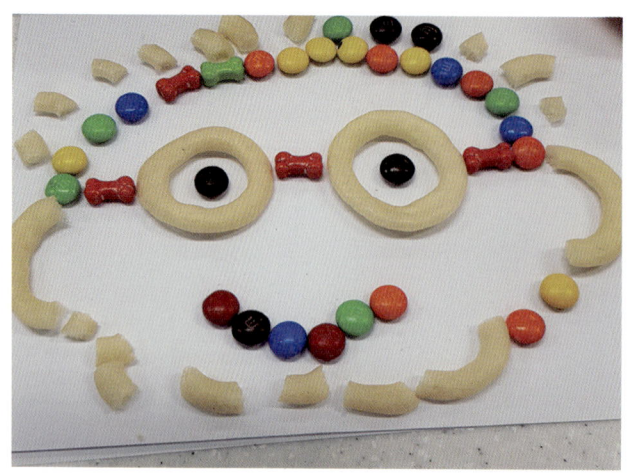

푸드정서표현	• 나의 꿈을 키우기 위해 양파링 20개 가지고 작품을 만든다.
푸드표현 자기긍정과 이해	• 만든 작품에 주제를 정하고 꿈을 키우는 법을 알게 한다. • 꿈을 꼭 이루어야 하는 결심을 가지게 한다. • 나의 꿈을 다른 사람에도 이야기 나눈다.
푸드표현 함께하기	• 꿈을 키우며 즐거움과 서로 다른 점을 알고 상호작용의 기쁨을 알게 한다. • 우리가 행복하다고 느낄 수 있는 것이 무엇인가를 깊이 생각해내어 본다.

쉬어가기

긍정적인 사고방식 가지기

❶ 인생(삶)을 달관하라.
❷ 밝은 미소와 기쁜 표정을 지어라.
❸ 마음속에서 병을 그리지 마라.
❹ 상대방의 장점을 칭찬해 주라.
❺ 위기를 찬스로 바꿔라.
❻ 매사를 밝게 생각하라.
❼ 가끔 유머로 긴장을 풀어라.
❽ 신체를 건강하게 가꾸라.
❾ '길은 반드시 열린다.'를 생각하라.

인생은 대단한 것이나 큰 것과 차이 나는 것이 아닙니다.

조금만

아주 조금만

아주 아주 조금만

아주 아주 아주 조금만

더 힘내세요

더 참으세요

더 견디세요

모든 성공한 사람들의 일기장에 이런 글이 적혀 있답니다.

조금만 더(A little bit more)

'작은 차이가 큰 성공을 만든다.'

생각으로 조금만 더 노력하고, 조금만 더 최선을 다하는 자신이 되세요.

푸드동화 속으로

보름날 아침

"점돌아, 빨리 일어나라!"

누군가 쿨쿨 잠자는 점돌이를 깨웁니다.

"으응."

꿈속에서 대답하는데 그 대답 바람에 눈을 떴습니다. 방안에는 누가 켰는지 불이 환해 있고요. 이상합니다. 아직 날이 밝지 않았는데 온 식구가 벌써 깨어나 있었던 것 같습니다.

'오늘이 내 생일인가?'

점돌이는 고개를 갸웃해 봅니다.

"점돌이 일어났니?"

엄마 목소리가 들립니다. 아, 엄마가 점돌이를 깨운 모양입니다.

"예, 일어났어요."

빨딱 몸을 일으킨 점돌이는 방문을 열었어요. 동쪽 천왕산 봉우리 뒤편이 환해지는 걸 보니 새벽이 왔나 봅니다. 바람은 어둠 속의 대추나무 밑동에 숨었는지 흔적도 없습니다. 옆집 덕이네 집에서 어둠을 뚫고 연기가 오릅니다. 점돌이 집만 아니라, 온

마을이 잔치를 벌이는 모양입니다.

"엄마, 오늘이 무슨 날이어요?"

점돌이는 부엌문을 열고, 엄마에게 물었습니다. 생선을 굽고 있던 엄마는 돌아보지도 않고

"정월 대보름이야. 어서 옷 입고, 뒷마당에 가 보렴."

그러고 보니 뒷마당이 쿵쿵 울리고 있습니다. 점돌이는 부리나케 뒷마당으로 뛰어갔어요. 누나가 절굿공이를 두 손으로 잡고, 쿵쿵 찧으며

"주망골 밭에 디딜방아 찧자!"

"볼목 밭에 디딜방아 찧자!"

중얼거리며 쿵쿵 찧는 방아에 점돌이는 저절로 어깨가 들썩거립니다.

"누나, 뭐 하는 거야?"

그제서야 누나는 허리를 펴고 점돌이를 바라봅니다.

"응, 디딜방아를 찧어."

"왜 땅바닥에 찧어?"

"보름날 아침에 방아를 찧으면 두더지들이 밭을 파헤치지 않아 농사가 풍년이 된단다."

이때 형 영돌이가 새끼줄에 짚신을 매달고 노래를 부르며 다가옵니다.

    진대 끗자 변소에도

    진대 끗자 대밭에도

    진대 끗자 뒷마당에도

그러면서 다시 어둠 속으로 사라집니다. 집 구석구석 돌아다니는 형을 뒤쫓아 다니

는 점돌이가 더 신이 납니다.

"이제 그만 해라."

방문을 열고 아버지가 웃으며 말합니다. 몸이 후끈후끈 합니다.

"형, 진대 끗자는 왜 하는 거야?"

점돌이는 아까부터 궁금하던 걸 물었습니다.

"이 짚신짝이 닿는 곳에는 뱀이 들어오지 않는대."

점돌이는 뱀이 들어오지 않으면 밤에 혼자 다녀도 되겠다고 안심합니다.

"점돌아, 새 쫓으러 가야지."

언제 왔는지 누나가 재촉합니다.

"어디로 가야 해?"

점돌이가 어리둥절하여 묻자

"대문 밖으로 가자."

하며 누나는 점돌이 팔을 잡으며 앞서갑니다. 형도 따라나섭니다.

"자, 우리 논이 어디 있는 줄 알지? 논 이름을 대면서 후여! 하고 고함을 질러."

대문 밖은 아직도 어둠이 물러가지 않았습니다.

숲들 논에 후여!

큰들 논에 후여!

"와, 점돌이 잘한다. 이제 참새들이 우리 논에 안 오겠다."

엄마가 부엌문을 나서며

"어서 찬물에 세수하고 들어가거라."

"찬물에요?"

점돌은 또 놀랍니다.

"오늘, 찬물로 세수해야 감기에 걸리지 않는대."

누나와 형은 씩씩하게 세수하자 점돌이도 마지못해 세수를 합니다.

방에는 아침밥상이 벌써 차려져 있습니다. 어디에다 숨겨 두었던지 설 떡이 다 나왔습니다. 밥상 앞에 앉은 점돌이는 푸짐한 상 위의 음식을 보고 무엇부터 먹을까 군침을 삼키는데 할머니가

"자, 먼저 부럼을 깨 먹어야지."

하시며 밤을 건네줍니다. 오도독 깨어지는 소리가 요란하게 납니다. 이빨이 튼튼하라고 야문 열매를 깨어 먹는다나요.

"이제 귀밝이술을 마셔야지."

할머니는 종지에 따라놓은 술을 조금 마신 후 잔을 내밀자 아버지가 재빨리 받아 나머지 술을 홀라당 비우고 다시 한 잔 붓고는

"이건 내 몫."

하며 또 한 잔 마시고 엄마 보고

"당신도 자, 한 잔!"

그러자 엄마는 부끄럽게 웃으며

"나도 오늘은 한 잔 해야지."

하며 꿀떡 삼키고는 오만상을 찡그립니다.

"다음 순아도 한 잔 할래?"

"전 싫어요."

누나는 손을 내저으며 싫다고 합니다.

"자, 영돌이!"

"에이, 저도 싫어요."

형도 도리질하며 싫다고 합니다.

"그럼 점돌이!"

점돌이는 귀밝이술이 무슨 맛일까 마시고 싶어 눈이 아빠 손에 든 주전자만 따라다니다가

"예, 주세요."

하며 용기 있게 두 손을 내밀었어요. 아버지는 놀랍다는 듯 눈을 크게 뜨더니 가족을 휘둘러 본 후 술을 붓습니다. 그런데 너무 양이 적이 보일 듯 말 듯 합니다. 그걸 점돌이는 쪽 하고 마셨어요. 목구멍을 넘어갔는지 어쩐지 눈을 껌벅이며 맛을 알아보려는데 가족들이 까르르 웃습니다.

"이제 첫술을 숟가락 대신 손으로 김을 싸서 먹어라."

하고 할머니가 말하자 가족들은 너도나도 김으로 밥을 싸서 먹습니다. 밥맛이 꿀맛입니다. 밥은 알록달록 여러 색깔로 수놓았고, 기름기가 반지르르 흐릅니다.

"엄마 이게 무슨 밥이어요?"

점돌이가 맛이 좋아 묻자

"오곡밥이야. 하지만 다섯 가지 더 들어가. 찹쌀, 콩, 팥, 녹두, 조, 수수, 호박, 밤 등 많이 들었으니 많이 먹어."

"예, 다 먹어도 돼요?"

"그럼 오늘은 아홉 그릇 먹는 날이야."

"그렇게 많이요?"

"한편 나무를 아홉 짐 해 와야 해. 여자들은 길쌈을 아홉 동구리 삼으라는 날이다."

이어서 아빠가 일을 많이 해야 된다고 하자

"아휴, 아홉 짐이나요?"

어림없다며 점돌이는 힘이 빠집니다.

"오늘부터 일을 시작하라는 뜻이지. 점돌이도 올해 학교에 들어가니 공부를 시작해야 되겠지?"

점돌이는 학교 간다는 말에 입이 벌어집니다. 아구아구 밥을 먹습니다.

아침 밥상을 물린 뒤 점돌이가 막 대문을 나서는데 웬 거지가 집안으로 쑥 들어왔습니다. 모자를 깊게 눌러 써 얼굴이 보이지 않습니다.

"쳇밥 얻으러 왔어요. 쳇밥 쫌 주소."

그 목소리가 어디서 듣던 목소리입니다. 모자 밑으로 들여다보니 분이 아빠입니다. 체 안에는 밥이 수두룩 담겨 있습니다. 점돌이 엄마는

"아이구, 뉘집 밥을 이렇게 많이 얻었을까? 맛 좀 보자."

하며 오히려 체 속에 담긴 밥을 떼어먹습니다.

"어어, 이러면 안 되는데……, 성이 세 가지 있는 집에서만 얻은 약밥이요."

"아따, 우리 집도 성이 세 가지이네요, 나도 많이 줄게요."

하며 엄마는 부엌으로 들어가더니 한 사발 퍼서 담아 줍니다.

"고맙습니다. 복 많이 받으세요."

분이 아빠가 또 누구네 집에 갈 것인가 궁금해서 졸랑졸랑 점돌이가 따라옵니다. 분이 아빠는 점돌이를 따돌리려고 꾀를 생각해냅니다.

"점돌아, 너 형 연 띄우러 뒷동산으로 가더라."

점돌이는 뒤돌아 형에게로 달려갑니다. 해가 동산에 방글방글 웃으며 얼굴을 내밀었습니다.

◆ **우리의 명절에는 어떤 명절들이 있습니까?**
◆ **대보름날에 먹는 음식들은 무엇무엇일까요?**

푸드야 놀자 (11)

푸드표현 주제	• 푸드표현으로 나의 미래에 대해 상상력을 키워 미래를 그려보기
푸드표현 학습목표	• 지금, 나의 미래에 하고 싶은 것이나 되고 싶은 나의 모습을 푸드표현을 나타내어 본다.
푸드표현 준비물	• 고깔콘, 음료, A4용지
푸드표현 라포형성	• 미래의 삶을 푸드표현으로 어떻게 나타낼까를 생각한다. • 장래희망에 대해 푸드표현을 생각한다. • 참고작품들을 감상해 본다.
푸드정서표현	1) 2인 1조나 팀별로 고깔콘 20개를 나누어 준다. 2) 미래에 대한 설계를 하여 나의 집, 나의 가정을 꾸미게 한다.

푸드표현 자기긍정과 이해	• 즐거운 마음으로 미래의 삶을 생각해 보게 한다. • 미래의 중요성을 인식하게 한다.
푸드표현 함께하기	• 열심히 미래를 위하여 자신의 능력을 발휘할 때 기쁨이 있음을 알게 한다. • 상상력을 높이고 다가올 미래 중에 푸드표현으로 4차 산업에 대해 생각해 본다.

쉬어가기

자신 있는 일부터 시작하라

① 시간을 소중히 여겨라.
② 하고자 하는 일은 그 자리에서 실행하라.
③ 곤경에 처했다고 안달하지 마라.
④ 처음부터 '안 된다'고 포기하지 마라.
⑤ 뒷처리를 중요하게 여겨라.
⑥ 나날이 새로워지도록 노력하라.
⑦ 매사에 전념하라.
⑧ 결코 중도에 포기하지 마라.
⑨ 떠오른 착상을 메모해 두어라.
⑩ 긴급하고 중요한 용건부터 처리하라.

'목표를 가져라'

목표가 구체적이고도 분명하고, 확실한 것이 될 때까지 갈고 닦아라.
그것을 항상 당신 마음속에 간직하라.
그러면 당신은 어디로 가든지 그것을 잊지 않을 것이다.
목표는 계속적으로 적극적인 생각과 믿음과 행동이 필요하다.
이것이 바로 성공의 길이다.

—노먼빈세트 빌

> 푸드동화 속으로

미나리 먹으러 가자

"이번 토요일에 미나리 먹으러 갈까요?"

퇴근하여 집에 들어선 아버지가 어머니에게 마음을 떠보았습니다.

"글쎄요, 아이들이 좋아할지 우선 물어보고요?"

미나리를 싫어하는 나는 가기 싫다고 했습니다. 동생 영찬이도 미나리라는 말에 고개를 저었습니다. 동생과 내가 심드렁한 얼굴을 하자 아버지는 의미 있게 웃으며

"얘들은 놔두고 둘이 가서 맛있게 먹읍시다."

그러자 어머니는 우리를 돌아보고

"정말 그래도 되겠니? 싱싱한 미나리는 봄에 맛이 얼마나 좋다고. 거기다가 돼지 삼겹살을 구워 함께 먹으면 그 향이 기가 막히지. 안 먹으면 후회할 걸."

그러자 나는 맘이 바뀌었습니다. 영찬이도 관심을 가지는 것 같아서

"잠깐! 미나리 먹으러 가는데 찬성 한 표."

하며 얼른 손을 들었습니다. 영찬이도 혼자 냉장고를 뒤져 혼자 밥 먹기 싫은지 찬성합니다.

"저도 가겠어요."

기다리던 토요일이 왔습니다.

10시 반쯤 우리 가족은 아버지 차를 타고 밀양 한재로 갔습니다. 한재는 청도에 있는 고개로 이름난 곳입니다.

"여기쯤 자리를 잡을까?"

"더 올라가요. 더."

어머니는 운전하는 아버지께 고개 위쪽으로 자꾸 올라가자고 했습니다. 산 위로 올라갈수록 물이 깨끗하니 신선한 미나리를 먹을 수 있답니다. 우리는 계속 올라갔습니다. 그곳에는 온 천지가 미나리 하우스로 진풍경이었습니다. 주말이면 차가 밀려서 올라올 수도 없을 정도로 사람이 몰린다고 합니다.

삼겹살 구울 수 있는 장소를 빌려주는 적당한 곳을 아버지는 드디어 골랐습니다. 우리는 새끼 오리들처럼 조르르 따라 들어갔습니다.

아버지는 고기를 굽느라고 열심이었습니다. 그러다가 노릇노릇 삼겹살이 익어가자 아버지는 익은 것을 골라 먹어도 좋다고 말했습니다. 우리는 어머니가 하는 대로 고기를 집어 미나리에 돌돌 말아 된장에 콕 찍어 먹느라 바빴습니다. 그러니까 미나리를 처음 먹는 거라 맛이 별로였는데 먹을수록 맛이 있습니다.

한쪽에선 압력밥솥이 칙칙 소리를 내며 돌아가고 된장찌개 끓는 냄새가 구수하고 저절로 침이 흘렀습니다.

"이렇게 맛있는 줄 몰랐네."

"하하, 이 맛있는 걸 못 먹을 뻔했어."

나와 동생은 배를 두드리며 먹었습니다. 어머니는 그중에서도 미나리 부침개까지 부쳐 아삭아삭 사각거리면서도 고소한 맛이 일품이었습니다. 연하면서도 향기로운 봄의 맛을 실컷 누렸습니다.

산골짜기 바람은 차가웠지만 모처럼 가족이 한마음으로 뭉쳐진 소풍날이었습니다.

곧 따뜻한 봄이 올 것입니다. 날이 풀리면 미나리는 통통 살이 오를 것이고, 우리들 마음에도 봄 햇살이 무르익을 것입니다.

◆ 봄, 여름, 가을, 겨울철에 먹는 대표적인 음식에는 어떤 것이 있습니까?

푸드야 놀자 (12)

푸드표현 주제	• 친구의 중요성을 알고 사회성과 학교생활의 즐거움을 푸드로 표현하기
푸드표현 학습목표	• 사회성 기르기와 학교에서 친구들과 즐겁게 놀이하며 놀던 모습을 푸드표현으로 나타낸다.
푸드표현 준비물	• 깻잎, 오이, 고추, 접시, 칼, 도마
푸드표현 라포형성	• 친구가 없으면 어떻게 될까? • 작품 안내와 만드는 법 안내하기
푸드정서표현	1) 깻잎, 오이, 고추를 이용하여 접시에 자기 친구의 얼굴을 만들어 본다. 2) 친구 모습을 나타내고 친구의 장점도 이야기한다.

푸드표현 자기긍정과 이해	• 친구의 중요성을 잘 알고 칭찬하며 이야기한다. • 학교생활에서 친구와 서로 도우며 즐겁게 생활하도록 한다. • 작품을 설명하고 느낌과 생각도 이야기한다. • 친구의 중요성을 알고, 나아가 친구와 잘 사귀며 학교에서 즐겁게 생활한다.
푸드표현 함께하기	• 사회성을 배우고 나의 소중함은 친구의 소중함에서 나온다는 것을 알게 한다. • 푸드표현예술 작품을 서로 함께 감상한다.

쉬어가기

더 좋은 친구가 되고 싶다면 이렇게 해 보세요

❶ 친구의 말을 좀 더 들어본다.
❷ 입장을 바꾸어서 생각해 보고 친구의 말을 이해해 본다.
❸ 친구의 기분을 알아본다.
❹ 서로의 생각이 다르다는 것을 인정한다.
❺ 친구와 의견이 다른 경우라도 내 의견만 끝까지 고집하지 않는다.

> 아버지는 보물이요. 형제는 위안이며
> 친구는 보물도 되고 위안도 된다.
> —벤자민 프랭클린

"오늘이라는 이 시간에 충실해야 한다는 것"

인생은 한 권의 책과 비슷하다.
어리석은 사람은 아무렇게나 책장을 넘기지만, 현명한 사람은 차분히 읽는다.

왜냐하면 그들은 단 한 번밖에
그것을 읽지 못한다는 것을 알고 있기 때문이다.

—장파울

> 푸드동화 속으로

흑산도의 맛, **홍어**

"이번 우리 가족이 흑산도로 여행을 간다."
아버지가 갑자기 여행 이야기를 꺼내어 우리 가족은 모두 환호성을 질렀습니다.
"이미자가 부르는 그 흑산도 아가씨의 흑산도예요?"
어머니의 물음에 아버지는 웃으며 맞다고 했습니다.
"그런데 흑산도가 어디쯤 있어요?"
나도 궁금한 걸 물어보았습니다.
"바다 가운데 있겠지. 흑산도가 섬이니까."
동생이 아는 체 먼저 대답을 합니다.
그래, 동우 말이 맞다. 저 전라남도 다도해라 불려지는 서남쪽 끄트머리 바다에 있지."
나는 또 물어볼 것이 있었습니다.
"왜 이름이 흑산도예요?"
"바닷바람을 맞아 사람들 얼굴이 검다고 붙여졌거든."
이번에도 촐랑이 동생이 먼저 대답합니다. 주먹으로 때리려고 하자 동생은 재빨리

저만큼 달아납니다.

"여러 말들이 있는데 내가 알기론 바닷물이 푸르다 못해 검다고 해서 이름 붙여진 걸로 알고 있다. 그 외 궁금한 건 네가 직접 찾아봐라."

기다리던 우리 가족 여행을 떠나는 날입니다. 나는 흑산도에 대한 정보를 얻기 위해 인터넷을 검색하다가 홍어가 흑산도 특산물 중 1위를 차지한다는 것을 알아내었습니다.

"아버지, 흑산도에는 홍어가 많이 난다고 하는데 온 김에 그것 맛 좀 보고 가요."

하며 군침을 삼키자

"홍어회! 그거 좋지."

아버지는 당장 기분 좋게 찬성하셨습니다.

흑산도는 홍도와 함께 제법 큰 섬이었습니다. 홍도에는 바닷가로 바위들이 많았습니다. 독리문 바위, 코끼리 바위, 촛대 바위 등 사람들이 바위 생김새를 보고 이름을 지어놓은 것도 구경거리였습니다. 그리고 흑산도는 홍도보다 커서 초등학교도 있었는데 뱀처럼 구불구불 올라가는 길 가에 노래비가 서 있었습니다.

2박 3일의 여행! 마지막 날

예리항 근처에 있는 한식집에서 점심으로 다섯 명의 가족들이 먹고 싶은 대로 각각 갈비탕, 설렁탕을 주문했습니다.

"홍어도 한 접시 주세요."

내가 여행하는 동안 기다리던 말이 드디어 아버지 입에서 떨어졌습니다. 그러나 어머니와 동생은 홍어란 말을 하자 별로 달가워하지 않고 얼굴을 찡그렸습니다.

"그 썩어서 냄새나는 홍어는 싫어요."

"뭐라고 하시오? 김대중 대통령 같은 분은 홍어가 먹고 싶어 비행기로 주문하여 날라다 먹었다는 기막힌 맛을 모르오?"

아버지의 홍어의 맛이 유명하다는 말을 들은 어머니는

"그래도 난 안 먹을 거야."

하며 억지를 부리는데 동생은

"저는 먹을게요."

호기심을 나타냅니다.

가늘게 빗금이 새겨진 연분홍빛 살점을 한 입 깨무는 순간 살 속에 숨어 있던 특유의 향이 입안 가득 퍼지며 코끝을 찌릅니다. 홍어는 코로 먹는 생선회라고 주인이 말했습니다.

저는 언젠가 멋모르고 먹었던 그 독특한 암모니아 냄새와 맛에 깜짝 놀란 기억이 있기에 그 강렬한 맛에 휘둘리지 않으려고 잔뜩 각오를 하고 먹었습니다. 그 작은 살점 안에 알싸하면서도 차진 맛을 동시에 품은 것이 은근히 매력적이라고 할까요. 홍어는 홀로 맛을 내기보다 다른 음식과 어울려야 제맛을 냅니다. 돼지고기나 묵은지가 분명 있었을 터인데도 그 얼얼함에 정신을 빼앗겨서인지 홍어의 맛 외엔 기억나지 않습니다.

아무리 생선이라지만 지극히 못생긴 모양새가 징그럽기까지 하다. 보기 좋은 떡이 먹기도 좋다고 했는데 말입니다. 눈이라고는 있는 둥 마는 둥, 위로 뾰족하게 올라온 것이 코라고 하니 그 코 맛이 홍어 중에 일품이라고 했습니다. 마름모꼴 몸통에 바로 꼬리가 길게 붙어 가오리연을 떠오르게 합니다.

그래도 홍어의 조상이 3억 년 전, 인간보다 먼저 이 지구상에 나타나서 성공적으로 진화하여 살아남았다고 하니 만만하게 볼 게 아닙니다. 전라도 지역에서는 잔칫상에 홍어가 없으면 잔치가 아니라고 할 정도의 인기 음식입니다.

흑산도 홍어는 흑산도 안에서 소비하기도 모자라서 섬 밖으로 나가는 일은 드물다고 합니다. 아마 목포쯤이 흑산 홍어가 가장 멀리 나간 육지라고 홍어 잡는 뱃사람들의 장담할 정도입니다.

흑산도로 유배 와서 편찬한 정약전의 〈자산어보〉에도 홍어의 효험에 대해서 나와 있었습니다. 가슴이나 배에 오랜 체증으로 인해 덩어리가 생긴 지병을 각진 사람도 삭힌 홍어를 먹으면 효험이 있다 했습니다. 국을 만들어 먹으면 몸속의 나쁜 기운을 몰아내고 또 홍어 껍질은 뱀에 물린 데에 붙이면 약효를 발휘한다고 나와 있습니다.

추운 겨울밤, 집채만 한 파도가 일고, 문밖에서 바람이 칠 때 흑산도 사람들은 이불을 뒤집어쓰고 잠들어도 바다 밑 뻘밭을 헤집고 뒤채는 홍어의 울음소리가 들린다고 합니다. 흑산도 사람과 홍어는 떼어놓고 생각할 수 없을 정도로 밀접하고 돈독한 관계입니다.

맛을 느끼는 것은 혀끝이 아니고 가슴이라고 합니다. 홍어의 고향 흑산도 여행을 추억하며 입안 가득 폭발하던 그 미묘한 향이 순간 그리워집니다.

푸드야 놀자 (13)

푸드표현 주제	• 가족의 중요성을 알고 부모님의 소중함도 알기
푸드표현 학습목표	• 한 울타리 안에서 동고동락하는 가족 중에서도 부모님의 중요함과 형제, 자매에 대한 소중함을 알고 더 나아가 할아버지 할머니의 가족사랑을 느끼게 한다.
푸드표현 준비물	• 초코파이, 접시, 빵칼, 요구르트
푸드표현 라포형성	• 가족의 중요성에 관해 이야기 나누기 • 푸드표현 재료의 성질을 파악하고 푸드표현예술을 활용한 부모님 모습 생각하기
푸드정서표현	1) 초코파이 2개씩을 나누어 준다. 2) 나의 가족을 빵칼로 얼굴을 나타내어 보게 한다.

3) 가족 구성원을 나타낸 후 가족에 대한 설명을 하며 가족의 특성을 이야기하게 한다.

4) 2사람씩 가족의 중요성을 이야기 나눈다.

푸드표현 자기긍정과 이해
- 행복한 우리 가족을 공개한다.(개개인 활동)
- 작품에 대한 생각과 느낌을 이야기한다.
- 가족이 나를 행복해 줌을 알게 한다.

푸드표현 함께하기
- 나에게 가장 소중한 가족에 대해 올바른 감정을 가지게 하고 좋은 대화를 하게 한다.
- 가족에게 좋은 구성원이 되기 위해 노력한다.

쉬어가기

촌수상의 호칭 알기

나와 관계	촌수상의 호칭	내가 부르는 호칭
아버지의 아버지와 어머니	조부모	
어머니의 아버지와 어머니		외할아버지, 외할머니
아버지의 형님이나 그 부인	백부, 백모	
아버지의 동생이나 그 부인		작은 아버지, 작은 어머니
아버지의 누님, 누이동생과 그 남편	고모부, 고모	
큰 아버지나 작은 아버지의 그 아들, 딸	사촌형제, 종자매	
고모의 아들 딸		형, 누나, 오빠
어머니의 친오빠나 남동생	외숙	
어머니의 언니와 그 동생	이모	
이모의 남편	이모부	
외삼촌의 아들딸		형, 누나, 오빠
이모의 아들딸		형, 누나, 오빠

푸드동화 속으로

구마와 **용이**

　얼음이 꽁꽁 언 추운 날씨입니다.
　용이는 아직 햇살이 다 펴지지 않았는데도 닭장 앞에서 자라목이 되어 앉아있습니다. 오늘은 어떠한 일이 있더라도 달걀 낳는 걸 보고야 말겠다는 듯.
　용이는 달걀 낳는 모습을 한 번도 본 적이 없습니다. 용이네 누런 닭, 하얀 닭 두 마리는 날마다 예쁜 달걀을 잘 낳아주었습니다.
　"내가 보고 있을 때, 알 하나 낳아줘."
　용이는 부탁합니다. 꼬꼬닭들은 추워서 한쪽 다리를 들고 서 있습니다.
　'아유, 춥다. 꼭꼭!'
　닭들은 추워서 야단입니다.
　"그럼 따뜻한 고구마 하나 가져올 테니 먹고 따뜻한 알을 낳아라."
　용이는 부엌으로 가서 아궁이 앞에 앉습니다. 엄마는 늘 이 아궁이에서 뜨겁고도 맛있는 군고구마를 주워내고 했으니까.
　한편 엄마는 대문 옆에 놓여있던 닭장을 양지바른 꽃밭 쪽으로 옮겨 놓습니다. 집이 덜컹거리며 옮겨와서 닭들이 놀란 눈으로 바라봅니다.
　'에그, 죽는 줄 알았다니까.'

엄마는 추워 보이는 닭에게 따뜻한 물이라도 주려고 부엌문을 들어서다가 깜짝 놀랍니다. 용이가 웅크리고 앉아 있었기 때문이지요.

"아니, 용아! 뭐 하고 있니?"

엄마는 이상스러워 묻습니다.

"고구마 구워요."

용이는 엄마를 쳐다보지도 않고 아궁이를 바라본 채 대답합니다.

"불도 없는데 안 굽힌다."

엄마는 부지깽이로 잿더미를 뒤적거리다 한 번 더 놀랍니다.

"고구마 어디 있지?"

엄마는 어안이 벙벙해서 용이 얼굴을 훑어봅니다. 용이도 이상해서 어리둥절합니다. 잠시 뒤

"춥다. 얼른 나가자. 고구마는 쥐가 훔쳐 먹었는지 없어졌다."

용이 등을 밀어내는 엄마는 웃음이 나옵니다.

"쥐가 거기에 사나? 뜨거울 텐데."

용이는 더욱 이상해졌습니다.

'녀석, 우리 집 아궁이가 요술 아궁인 줄 아나. 넣지도 않은 고구마가 있을 리 없지.'

엄마는 마른 나뭇가지에 불을 붙여 아궁이에 집어넣으면서 웃음이 자꾸 나옵니다. 아직 다섯 살이니까 고구마 굽는 법을 안 가르쳐도 좋다고 생각합니다. 그런데 금방 밥을 먹었는데 고구마가 먹고 싶었을까 고개를 갸웃거려보았습니다.

"에이, 닭이 고구마를 먹고 싶어 한단 말이야."

용이는 김이 모락모락 나던 군고구마를 생각하며 군침을 삼킵니다. 검게 탄 껍질을 벗기면 먹음직스러운 노란 고구마가 생각납니다.

'나도 고구마 먹고 싶어.'

 # 푸드야 놀자 (14)

푸드표현 주제	• 내가 살고 있는 우리 고장은 다른 고장과 무엇이 다르고 어떤 특색이 있는가를 알기
푸드표현 학습목표	• 나의 고장을 잘 알기 위해서는 이웃마을, 먼 고장, 우리나라를 알아본다.
푸드표현 준비물	• 커피가루, B4용지, 컬러 있는 초콜릿
푸드표현 라포형성	• 우리 마을, 이웃 마을 푸드표현으로 비교할 것을 생각한다. • 먼 고장, 우리나라를 푸드표현으로 알게 한다.
푸드정서표현	1) 커피가루를 B4에 담아 우리나라 지도를 만들게 한다. 2) 우리 고장 찾고 주변과 먼 고장 및 우리나라를 알게 한다. 3) 초콜릿으로 도시 표시를 하게 한다.

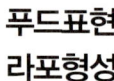

푸드표현 자기긍정과 이해	• 우리 마을, 이웃마을을 푸드표현으로 안다. • 우리 마을의 자랑과 이웃마을의 특성을 푸드표현으로 안다.
푸드표현 함께하기	• 이웃 고장을 알게 하고 우리나라, 세계, 지구에 대해 생각해 본다.

쉬어가기

나라꽃, 무궁화

'영원히 피고 또 피어서 지지 않는 꽃'
우리 민족은 무궁화를 고조선 이전부터 하늘나라의 꽃으로 귀하게 여겼고
신라는 스스로 근화향(무궁화 나라)이라고 부르기도 하였다.

중국에서도 우리나라를 오래전부터 무궁화가 피고 지는
'군자나라'라고 칭송해 왔었다.

이처럼 오랜 세월 동안 우리 민족과 함께해 온 무궁화는
조선 말 개화기를 거치면서 "무궁화 삼천리 화려강산"이란 노랫말이
애국가에 삽입된 이후 더욱 국민들의 사랑을 받게 되었다.

인생의 출발점에서

모진 시련을 겪지 않은
젊은이에게 성공을 기대하는 것은
브레이크 없이 고속도로에 나서는 자동차처럼
위험천만한 일이다.

― 윈스턴 처칠

> 푸드동화
> 속으로

과일들의 자랑

성이네 냉장고 안에는 여러 가지 과일들이 가득 차 있습니다. 사과, 배, 감, 귤, 바나나, 밤, 대추, 포도…….

성이와 엄마, 아빠, 누나가 모두 꿈나라로 갔습니다.

"심심한데 우리 이야기를 나누어 보자꾸나."

빨간 사과가 주위를 둘러보며 이야기를 꺼냈습니다.

"그게 좋겠다. 먼저 자기소개부터 하자."

누런 배가 사과 말을 거들며 말합니다. 그 말을 듣고, 재빨리 주홍빛 감이 말했습니다.

"난 산청 덕산에서 온 감이야. 지리산 솔솔바람을 마시며 자라났어."

그러자 누런 배가 자랑하며 나왔어요.

"난 하동 배야. 섬진강 맑은 물을 마시며 자라서 이렇게 크고 달아."

이번에는 빨간 사과가 으스대며 말했어요.

"내 고향은 거창이야. 우리가 자라기에 꼭 알맞은 고장이지. 그래서 내가 이렇게 예쁜 거야."

예쁘다는 말에 곳곳에서 '피' 하는 소리가 들립니다. 그때 청포도가 불쑥 한마디 합니다.

"난 예쁘다고는 하지 않지만, 멋지다고 해. 멀리 경북 청도에서 왔거든."

그러자 주렁주렁 매달린 포도를 보느라고 모두 고개를 빼들었습니다.

"그래, 멋지긴 해. 그런데 청도가 뭐 그렇게 멀다고 그러니? 난 충북 제천에서 온 밤이어유."

반들반들 밤이 끼어듭니다.

"제천이 멀긴 하지만 나보다는 가까울 걸. 난 제주도에서 왔어. 난 향기로운 냄새가 일품인 귤이지."

"제주도가 거기가 거기지. 난 필리핀에서 왔거든. 비행기 타고. 으흠. 이름은 바아나 아나아."

바나나가 다섯 손가락을 벌리며 뻐깁니다. 바나나 보다 먼 곳에서 온 과일은 없었습니다.

"저것도 과일이야? 괴물 같다."

사과가 통을 주며 사방을 둘러봅니다. 그때까지 한마디도 안 한 과일이 보입니다. 눈살을 찌푸리며

"넌 과일이 아니니? 왜 말도 안 하고 누워 있니?"

그 과일은 손을 내저으며 돌아눕습니다. 그러자 사과는 못 본 척하며

"저건 과일도 아닌 모양이야. 괜히 과일인 척 우리 곁에 있지만."

이때 누런 배가 나서며 말합니다.

"우리 이번에는 자기 자랑을 하는 게 어때?"

모두 좋다고 찬성합니다. 그중에서도

"누런 배야! 네가 먼저 얘기해 봐. 네 자랑 좀 듣자."

빨간 사과가 권합니다.

"그러지 뭐, 여기 모인 과일 중에서 가장 크고 시원한 맛이 나는 것은 누굴까요?

누런 배는 배를 쑥 내밀며 자랑합니다.

"시원하게 자랑이라면 난 가장 맛있고, 영양가 높은 건 바로 나지.

빙그르르 춤을 추며 자랑하는 사과. 그러자

"난 여러 가지로 먹을 수 있어. 단감, 떫은 감, 곶감, 홍시 어때?"

주홍빛 감이 뻐기며 자랑합니다.

"과일들아, 나는 얼마나 귀한 몸인 줄 알아? 난 네 겹의 옷으로 감추고 있어. 뾰족이 반반이, 텁텁이, 오독이."

그것 재미있다며 모두 손뼉을 쳤습니다.

포도는 주렁주렁 여러 개가 달렸다고, 바나나는 손가락처럼 갈라졌다고 자랑을 했습니다.

그러자 조금 전까지 쿨쿨 자고 있던 과일이 일어나 앉습니다. 머리를 긁적이며

"난 밀양에서 온 대추란다. 뭐니뭐니해도 과일 중에 과일 왕은 나야."

그 말을 들은 과일들은 벌떼같이 시끄러워졌어요.

"뭐? 네가 왕이란 말이냐? 우하하하! 아이고 배꼽이야."

"네가 느림보라 대감나무라는 건 들었다만 왕이란 말은 처음 듣는다."

"어째서 네가 왕이라고 말하니?"

빙긋이 웃으며 듣고 있던 대추가

"너희들 씨가 몇 개인지 아니?"

"난 여섯 갠데."

"난 억수로 많아."

"난 씨가 없는데?"

모두들 자기 씨앗을 말하자

"그럼 제사상에 과일이 올라가는 차례를 말해 봐."

"그런 것도 있니?. 난 몰라."

"조, 율, 이, 시, 즉 대추, 밤, 배, 감, 사과 순서로 놓여. 다른 과일은 올라오지도 못하지."

그 말에 모두 귀를 기울이며 대추 말을 듣습니다.

"씨앗이 하나인 나는 왕이야. 그 다음은 세 개인 밤은 3정승, 그 다음은 씨가 여섯 개인 감, 배는 6조 판서야."

거기에 모였던 과일들은 대추의 말이 맞다고 하기도 하고, 요즘은 옛날처럼 왕이 없으니까 맞지 않다고 하는 과일도 있었습니다. 그래서 날이 새도록 떠들썩했습니다.

 # 푸드야 놀자 (15)

푸드표현 주제	• 나의 생활 속에서 계획을 세워서 규칙적인 생활하기
푸드표현 학습목표	• 푸드표현으로 목표 세우는 방법 알아보기(연간, 월간, 일) • 세운 목표를 실천하도록 푸드표현예술로 나타낸다.
푸드표현 준비물	• 양파링, 고깔콘, 각종 과자류
푸드표현 라포형성	• 내가 할 일을 푸드표현으로 생각해 본다. • 규칙적 시간 계획을 푸드표현으로 세운다. • 푸드매체의 성질을 느껴본다.
푸드정서표현	1) A4에 새우깡으로 연간 목표 세우기 2) A4에 새우깡으로 월 목표 세우기 3) A4에 새우깡으로 일 목표 세우기

푸드표현 자기긍정과 이해	• 2인 1조가 되어 서로 목표를 이야기한다. • 자기가 세운 목표에 대해 이야기 나눈다. • 목표는 어떻게 세우나를 생각한다.
푸드표현 함께하기	• 스스로 목표를 세우고 실천하는 습관을 기른다. • 자기의 생활, 특히 미래의 목표설정을 하게 한다.

쉬어가기

함께 일어나기 놀이(인간관계훈련법)

❶ 옆 사람과 인사하기 - 안녕하세요.
❷ 옆 사람, 한 사람과 인사하며 만나기
❸ 둘이 되면 마주보고 앉기
❹ 손잡고 일어서기(2명)
❺ (반복) 옆 반과 만나 손잡고 일어서기(4명)
❻ (반복) 옆 반과 만나 손잡고 일어나기(8명)
❼ 느낌 말하기

성공하는 사람과 실패하는 사람 사이에는
오직 한 가지 차이밖에 없는데
그것은 돈도 아니고 머리도 아니다.

성공의 비결은 자신감이다.
그런데 자신감을 가지려면 반드시 갖춰야 할 게 있다.

충분히 준비할 것
경험을 쌓을 것
그리고 **절대 포기 말 것**
이 세 가지이다.

— 매리 매털린

제5장 푸드표현예술 지도와 실제(아동 편)

푸드동화 속으로

알쏭달쏭 **별난 과자**

　유월의 햇살이 은행나무 이파리에 앉아 반짝거립니다. 상철이는 막 유치원을 벗어납니다. 같은 해님반 유치원생들이 어깨동무하고 조잘조잘 앞서가고 있습니다. 줄지어 선 문방구를 보자 약이 바싹 오릅니다.
　'엄마는 과자 사 먹으라고 돈을 주는데, 선생님은 왜 사 먹지 말라고 하실까?'
　공부만 마치면 그저 신났는데, 시원한 얼음과자, 새콤한 딸기잼, 고소한 떡볶이, 꼬깔콘, 양파링……,
　생각만 해도 침이 꼴깍 넘어갑니다. 이게 뭔가요? 유치원에 오는 재미가 싹 가십니다. 군것질도 못 하게 하는 유치원! 다니기도 싫습니다.
　다른 때 같으면 수업을 마치고 신을 신자마자 번개처럼 냅다 달려왔을 텐데요, 오늘은 사정이 다릅니다. 터벅터벅 발끝만 보고 툴툴대며 걸었습니다. 사 먹지 말라니까 더 먹고 싶습니다.
　'그 참 속상하다. 먹고 싶은 걸 왜 사 먹지 못하게 하는 걸까?'
　아무리 생각해도 기분 나쁩니다. 오늘 상철이는 많은 아이들 앞에 불려 나가 야단을 맞았습니다. 나만 사 먹었나요? 우리 해님반에서 군것질 안 한 원아 있으면 어디 나와 보라지요.

가게 앞 냉장고 안에는 입안에 넣으면 사르르 녹아내릴 각종 얼음과자들의 포장지들이 멀리서도 보여 상철이의 입안에서 저절로 침이 고입니다.

'상철아, 이리 와 봐! 안 사도 좋으니 구경이나 하고 가.'

가게 앞에 늘어선 자동판매기 안의 장난감 로봇 병정들이 꼬드깁니다.

'괜찮아. 네 돈인데 어때?'

냉장고 안의 꼬깔콘도 손짓합니다. 상철이는 괴로워서 신음소리를 냈습니다. 아이들이 보고 있는지 사방을 휘둘러 봅니다. 아무도 없습니다. 저절로 발걸음이 그쪽으로 옮겨집니다.

'상철아, 길에서 군것질하지 말라고 했잖아?'

갑자기 귀에서 선생님의 목소리가 크게 울립니다. 상철이는 싫어서 손가락으로 귓구멍을 막았습니다. '사 먹으면 안 돼, 사 먹으면 안 돼,' 자꾸 들려 옵니다. 걸음을 멈춘 상철이의 이마에서 땀이 흐릅니다. 집까지 가려면 세 정거장이나 가야 한다니까요. 이 더운 날씨에 갈 길은 감감합니다. 딱 한 개만 사 먹으면 안 될까요?

'오늘만 사 먹고, 내일부터는 안 사 먹으면 될 거야.'

주머니 속에서 돈을 꺼냅니다. 땀이 배어 끈적끈적합니다. 해님은 하늘 가운데에서 쨍쨍 불기운을 내리퍼붓고 있었습니다.

'왜 사 먹지 말라니까 더 사 먹고 싶지?'

상철이는 과자가 참 알쏭달쏭하다고 중얼거렸습니다.

◆ 여러분이 아는 과자 종류를 써 보세요.
◆ 어떤 과자가 가장 맛있나요?
◆ 과자가 왜 먹고 싶을까요?

푸드야 놀자 (16)

푸드표현 주제	• 감정 해소, 자신의 스트레스 찾기
푸드표현 학습목표	• 푸드표현예술을 통하여 나의 감정을 나타내기. • 나의 스트레스의 원인을 푸드표현으로 묘사하고 이를 해소하는 방법을 푸드로 나타내보인다.
푸드표현 준비물	• 컵라면, B4, 요구르트, 젓가락 
푸드표현 라포형성	• 스트레스가 가장 많이 생길 때 이야기 나누기 • 스트레스 없는 방법 푸드표현으로 알아보기 • 재료 설명과 푸드표현방법에 대한 설명
푸드정서표현	• 개인별 컵라면 1개씩 나누어 준다. • B4에 컵라면을 격파한다. • 스트레스를 찾아 격파함으로써 스트레스를 날려버린다.

푸드표현 자기긍정과 이해	• 컵라면으로 자기를 다시 찾은 행복한 마음을 표현한다. 　(라면 위) • 컵라면을 먹으며 스트레스에 대해 이야기 나눈다.
푸드표현 함께하기	• 자신의 내면에 쌓아둔 부정적 감정과 생각을 속 시원하게 털어 놓음으로써 스스로 내면을 정화시킨다. • 감정해소 되었을 때의 느낌을 이야기 나눈다. • 스트레스를 안 받기 위한 방법을 생각해보고 나아가 남에게 스트레스를 주지 않게 하는 것이 무엇인지 생각케 한다.

쉬어가기

자리에 앉아서 '웃기' 대회한다
(큰 소리 웃기, 온몸으로 웃기, 박수치며 웃기)

❶ 웃기 전에 두 손으로 얼굴을 두드린다.
❷ 입 운동을 한다. ⋯⋯⋯⋯⋯⋯ 아, 우, 으, 이
❸ 웃는 연습하기. ⋯⋯⋯⋯⋯⋯ 아-하, 으-하 (크게 웃는다.)
❹ 박수치며 ⋯⋯⋯⋯⋯⋯⋯⋯ 하하하-, 호호호-, 히히히-,
❺ 온몸을 흔들고, 박수치고, 크게 웃는다.
❻ 잘 웃는 사람 뽑는다. ⋯⋯⋯ 크게, 온몸으로, 박수친다.
3개 잘 하는 사람 우승한다.

성공에 대해 알아야 할 일

모든 과정은 다음 세 가지 단어로 요약된다.

할 수 있다 — **CAN**
할 것이다 — **WILL**
바로 지금 — **NOW**

— 피터 코언

> 푸드동화
> 속으로

소풍

지붕 꼭대기에 앉아 있던 까치가 먼저 보았어요. 다리를 건너서 깡충깡충 뛰어 오는 훈이를 보았어요.

잽싸게 골목을 들어서는 훈이는 기분이 아주 좋은 모양입니다. 대문을 들어서자마자 보이지도 않는 엄마부터 불렀어요.

"엄마! 엄마!"

지붕 꼭대기의 까치가 팔팔 날아 감나무 가지로 옮겨 앉으며 대신 물었어요.

"무슨 일이야?"

마루 밑에서 잠자던 삽살이도 쪼르르 달려 나오며 물었어요.

"무슨 일이야?"

훈이는 숨이 가빴습니다. 마음이 급했어요.

곧 엄마 얼굴이 나타났습니다. 부엌에서 점심 준비하느라고 바쁜데도 물이 묻은 손을 행주치마에 닦으면서요.

"내일 우리 소풍 가요."

훈이는 그렇게 말해 놓고 너무 흥분한 나머지 다음 말을 잊어버렸어요.

"소풍 가는 줄 알았어."

까치가 담장 위로 내려앉으며 깍깍거렸습니다. 괜히 즐거워져서 깍깍거렸습니다.

"나도 소풍 가는 줄 알았어."

삽살이도 까치를 힐끔 곁눈질하며 꼬리를 흔들었어요.

"아유, 드디어 소풍을 가는구나!"

엄마는 훈이를 바라보고 웃었어요. 그 웃음을 받던 훈이는 유치원에서 생각했던 말들이 떠올랐어요.

"엄마, 소풍 갈 때 삼만 원 줘야 해요."

벌써부터 계산해 두었다는 투입니다.

"뭐라고? 삼만 원이나! 삼천 원 줄게."

엄마는 어림도 없다는 듯 대폭 깎아버립니다.

"애걔, 적어요. 빵 두 개하고 껌 한 통 사면 없는데……, 오천 원 주세요!"

훈이는 걱정이 되어 흥정을 했습니다.

"점심을 먹은 뒤 시장을 가야겠구나."

엄마는 갑자기 바빠졌습니다.

"엄마, 김밥 싸고요. 그리고 사과, 바나나, 빼빼로, 오징어땅콩, 또 쌕쌕이, 봉봉 또……."

손가락을 꼽아 가며 들먹이던 훈이는 숨이 가빠 잠시 말을 끊었어요.

"이제 됐니?"

엄마는 참을성 있게 기다리다가 말했어요.

"예."

훈이는 그래놓고 깡충깡충 뛰었어요. 그러다가 생각났다는 듯

"김밥에는 어떤 것들이 들어간 걸 할 거예요?"

"글쎄다. 김밥 안에다 어떤 것을 넣어서 만들까?"
훈이는 엄마의 말에 다시 생각에 잠겼습니다.

◆ 김밥은 어떤 때에 많이 먹나요?

◆ 김밥 재료는 어떤 것들이 들어가나요?

◆ 나는 무엇이 들어 있는 김밥을 좋아하나요?

 # 푸드야 놀자 (17)

푸드표현 주제	• 부모님이나 선생님께 감사하는 마음 전하기
푸드표현 학습목표	• 푸드재료를 이용하여 사랑의 팔찌를 만들어 마음을 표현하지 못했던 사람에게 감사, 사랑, 행복의 마음을 전하게 한다.
푸드표현 준비물	• 메모지, 볼펜, 사탕(색깔 예쁜), 초콜릿(네모 모양), 빵끈
푸드표현 라포형성	• 나의 생활 속에서 도움을 주신 사람에게 감사의 마음을 푸드매체로 표현할 것을 구상한다. • 사탕과 초콜릿을 넣어 팔찌를 만들 생각을 한다. • 마음을 전할 방법을 생각한다.

푸드정서표현	• 사탕과 초콜릿을 이용하여 사랑의 팔찌를 만든다. (빵끈으로 팔찌나 목걸이) • 만든 팔찌나 목걸이에 사랑의 편지를 쓰도록 한다.
푸드표현 자기긍정과 이해	• 푸드표현으로 만든 작품(두 개씩)을 가족 중 한 명, 친구나 지도자에게 주도록 한다. • 가족이나 친구의 소중함을 알게 한다.
푸드표현 함께하기	• 푸드표현예술작품으로 서로 내면에 있는 신뢰감을 갖게 함으로써 생각과 감정을 이완시키고 가족의 소중함과 감사함을 깨닫게 한다. • 남에게 기쁨을 주는 것이 무엇이며 푸드표현으로 좋은 느낌을 갖게 한다.

쉬어가기

풍선 이어 달리기

❶ 참가자들이 풍선을 하나씩 가지고 바닥에 원을 그리고 그 안에 들어선다.
❷ 풍선의 색에는 두 가지 종류가 있다.
❸ 각각의 색 풍선을 가진 사람이 먼저 풍선을 날린다.
❹ 다른 사람들은 그 풍선이 떨어진 자리에서 같은 색을 가진 사람이 그 풍선을 날린다.
❺ 이렇게 하여 어느 색 풍선이 원으로부터 멀리 떨어졌는가를 겨룬다.

사람들은 누구나 위대해질 수 있다.
그것은 누구나 봉사할 수 있기 때문이다.
봉사는 많은 조건을 필요로 하지 않는다.
봉사를 하려는데 대학졸업장이 필요하지도
어려운 언어를 알고 있어야 할 필요가 없다.

오로지 그 마음이
사랑으로 가득차면
그것으로 충분하다.

―로렌스 볼트

> 푸드동화
> 속으로

오이와 호박

　재호와 태랑이는 친구입니다. 재호네 집과 태랑이네 집도 바로 이웃입니다. 둘이는 같은 유치원에 다니는 정말 다정한 친구입니다.

　노란 돌돌 유치원 차가 오면 둘이는 약속이나 한 듯 자기 집 대문을 열고 뛰어나옵니다.

　누가 먼저랄 것 없이 손을 흔들며 인사를 나눕니다.

　"태랑아, 안녕?"

　"재홍야, 안녕?"

　똑같은 모자 똑같은 옷, 똑같은 가방을 든 둘이 사이좋게 차에 오르면 다른 유치원생들이 모두 인사하느라 시끄러워집니다.

　"태랑아, 안녕?"

　"재호야, 안녕?"

　태랑이와 재호는 언뜻 보면 쌍둥이 같습니다. 그러나 자세히 보면 사뭇 다릅니다. 몸집부터 차이가 납니다. 태랑이는 약간 뚱뚱한 편이고, 재홍이는 호리호리합니다.

　그리고 모자를 벗겨보면 완연히 다릅니다.

　태랑이는 얼굴이 둥글, 눈이 동글, 코도 동글, 입도 동글 모두 동글동글해요.

재호는 얼굴이 길쭉 눈도 길쭉, 코도 길쭉, 입도 길쭉 모두 길쭉길쭉해요.

그래서 해님반 원아들은 둘이를 대번에 알아보아요.

개나리가 학교 담 밑에서 노란 종을 달던 날

선생님은 피아노를 치시며 원아들에게 새 노래를 하나 가르쳤어요.

- 수박 같은 내 얼굴 둥글기도 하지요

　　눈도 동글 코도 동글, 입도 동글

　　오이 같은 내 얼굴 길쭉기도 하지요

　　눈도 길쭉, 코도 길쭉 입도 길쭉 ♪

원아들은 아주 힘차게 부르며 잘 따라 불렀어요.

노래를 당장 외워 불렀어요. 모두 모두 신이 났어요.

부르고 나서는 호호호 하하하 웃음소리가 요란했어요.

단 태랑이와 재호는 기분이 나빠 책상 밑만 바라보고 있었어요.

선생님은 교실 분위기가 다른 날보다 다른 것을 알고 고개를 갸웃합니다.

"이 노래가 좋아?"

"예."

원아들은 모두 함께 우렁차게 대답하였습니다.

"왜 좋아요?"

"우리 반에 호박과 오이와 닮은 아이들이 있거든요."

"누가 누구를 닮았어?"

"태랑이는 호박이고요, 재호는 오이에요."

그날부터 태랑이와 재호는 반갑잖은 별명이 붙었어요. 처음에는 듣기 싫었지만 나중에는 자기 별명을 불러도 아무렇지도 않았어요.

　매미소리 맴맴 들리는 무더운 여름

재호 엄마는 재호에게 텃밭에 가서 호박을 하나 따오면 부침개를 부쳐주겠다고 했어요.

태랑 엄마는 태랑에게 역시 텃밭에 가서 오이를 다섯 개 따오면 시원한 냉채국을 만들어 주겠다고 했어요.

텃밭에서 나오다가 둘이는 마주쳤어요.

재호는 호박을 높이 들며

"이것 봐. 호박이야. 호박대가리!"

태랑이는 오이를 높이 들며

"오이 대가리! 하하하, 오이 대가리야."

둘이는 서로서로 놀리며 다투었어요.

그때 큰 풍선을 든 용환이가 나타났어요. 그들이 싸우는 걸 물끄러미 보고 있는데 재호가

"봐라, 저 풍선도 호박대가리지. 하하하."

하며 좋아하자 태랑이는 화가 나서 용환이를 노려보았어요.

"태랑아, 잠깐만 기다려 봐."

용환이는 풍선에서 바람을 뺐습니다.

"이러면 오이 대가리가 돼."

이번에는 태랑이가 좋아서 방글거리고, 재호는 화가 나서 자기 집으로 쏙 들어갔어요. 매미가 그들을 달래느라고 목청껏 고함을 쳤어요.

◆ 오이와 호박은 각각 어떻게 생겼는지 말해보세요.
◆ 오이와 호박으로 각각 어떠너 음식을 만들까요?

푸드야 놀자 (18)

푸드표현 주제	• 선생님의 고마움을 알게하고 행복한 시간을 갖게 한다.
푸드표현 학습목표	• 나에게 언제나 희망과 용기를 가지게 격려해 주신 스승님의 은혜를 푸드표현방법으로 마음을 나타낸다.
푸드표현 준비물	• 견과류(여러 가지), A4, 메모지, 볼펜
푸드표현 라포형성	• 선생님에 대한 이야기 나누기 • 선생님에 대한 고마움 알기 • 나의 행복한 마음 가지기 • 나의 마음을 푸드표현예술로 나타내어 본다.
푸드정서표현	1) 여러 가지 견과류로 선생님 모습을 표현하게 한다. 2) 학교 선생님, 지도강사의 모습을 나타내고 고마움의 편지를 쓰게 한다.

푸드표현 자기긍정과 이해	• 선생님의 고마움을 알고 창의력과 푸드표현예술의 새로운 경험세계로 향하는 여행의 출발의 의미를 알게 하고 고마움과 감사하는 감정을 이완시킨다.
푸드표현 함께하기	• 행복한 시간을 갖게 하여 수업에 대한 소감을 이야기하게 한다. • 푸드학습코칭의 좋은 점을 이야기 나누게 한다. • 스승에 대한 존경심을 갖게 하여 윗사람을 공경하게 한다.

> 쉬어가기

사람을 행복하게 하는 열 가지 방법

❶ 다른 사람들과 대화를 가져라.
❷ 사람들과 대화할 때마다 미소를 지어라.
❸ 사람들을 대할 때 그들의 이름을 불러주라.
❹ 향상 친절하며 남에게 도움이 되도록 하라.
❺ 당신이 사귀는 모든 사람에게 성심성의를 다하라.
❻ 잘 듣고, 그 사람들에게 진지한 관심을 가져라.
❼ 너그럽게 칭찬을 주고 비판은 삼가라.
❽ 남의 감정을 상하지 않도록 조심하라.
❾ 인정을 베푸는 사람이 되라.
❿ 기회가 있을 때마다 봉사하라.

긍정적의 말

❶ 세상의 리더가 되라.
❷ 천재는 노력하는 사람을 이길 수 없다.
❸ 자신을 이기는 사람이 가장 강한 사람이다.
❹ 가장 위대한 치료제는 사랑이다.
❺ 마음부자가 가장 큰 부자다.

푸드동화
속으로

삼 형제

    옛날 조선 시대에 의좋은 삼 형제가 살았어요.
    행복하게 살아가던 어느 날 아버지가 덜컥 병에 걸렸어요. 갖은 약을 써 보았으나 효험이 없었어요. 병이 점점 위독하게 되어가는 것을 보고 어머니는 아들 삼 형제를 조용히 불렀어요.
    "아버지가 아무래도 얼마 살지 못할 것 같다. 돌아가시기 전에 이때껏 먹어 보지 못한 귀한 것들을 한 가지씩만 구해 오너라."
    곧 삼 형제는 의논했어요. 첫째는 망원경, 현미경의 역할을 할 만큼 눈이 밝아서 산삼을 잘 찾을 수 있겠다는 자신이 있었거든요.
    "난 동쪽 지방으로 가겠다. 귀한 것이라면 깊은 산속에서 자라는 산삼이 아니겠나?"
    첫째가 말을 마치자 곧 둘째가 이어 말했어요. 둘째는 헤엄을 잘 쳐서 물귀신이란 별명이 있어서 해삼이 아니라 고래도 잡을 수 있었어요.
    "저는 서쪽 바닷가로 가겠어요. 가서 여러 가지 고기들을 잡아 오겠어요."
    그러자 바람을 불러오는 재주를 가진 막내는
    "그럼 전 남쪽으로 가서 맛있는 과일을 구해오겠어요."

모두 씩씩하게 집을 나선 삼 형제는 세거리에서 서로 다짐을 하며 헤어졌어요.

막내는 바람을 타고 대번에 남쪽 바닷가 마을에 닿았어요. 그러나 두리번거려도 과일나무들이 보이지 않았어요.

"여기 과수원이 없어요? 귀한 과일을 구하려고 왔는데요."

"과수원은 저 산 너머에 있지만, 귀한 과일은 없어. 그저 감, 배 등이 있을 뿐이다."

머리가 허연 할아버지는 입맛을 다시며 막내를 바라보았어요. 막내가 실망하는 모습을 보자 할아버지는

"애야. 아주 귀한 과일을 얻으려면 저 배 선장에게 물어봐. 혹시 구할 수 있을 테니까."

하며 담뱃대로 바닷가에 매여 있는 큰 배를 가리켰어요.

턱수염이 시커먼 선장은 막내의 말을 듣자

"너 이 배를 타고 따라갈래? 오고 가고 한 보름은 걸리는데."

"그러면 귀한 과일을 구할 수 있어요?"

"그럼, 그곳은 더운 곳이라 우리나라에서 볼 수 없는 과일이 억수로 많단다."

막내는 더운 나라에 갔어요. 과연 그 나라에는 갖가지 여러 과일이 있었어요. 그 중에서 이상하게 생긴 과일을 가리키며 물었어요.

"저 과일 이름이 뭐예요?"

"바나나!"

막내는 아버지에게 가져갈 선물로 딱 알맞다고 생각했어요. 그런데 갖고 가는 게 문제였어요.

"선장님, 바나나를 상하지 않게 가져가고 싶은데 무슨 수가 없겠어요?"

"글쎄 한 번도 바나나를 가져간 일이 없어서……."

막내는 궁리하다가 선장에게 부탁해서 돛대 꼭대기에 달았어요. 그리고 바람을 불

러와 바나나가 상하지 않게 세게 불게 하였어요.

  첫째는 산삼을 몇 뿌리 캐어오다가 산적을 만나 다 빼앗기고 빈털터리로 왔어요. 둘째는 해삼을 구해왔지만 오는 도중에 모두 변질되어 먹을 수 없게 되었어요. 그리고 막내가 보름이 지나도록 오지 않아 보물은커녕 목숨을 걱정하고 있었어요. 그때 바람소리를 내며 막내가 나타났어요..

  "어머니, 많이 늦었지요? 이건 바나나라는 아주 귀한 거예요."

  아버지는 지금껏 듣지도 보지도 못한 바나나를 먹고, 병이 다 나았어요.

| 닫는 글 |

알맞은 교육 환경

코로나로 세상이 어수선합니다. 이러한 사회적 어려움 속에서도 한 권의 책이 탄생되니 뿌듯한 마음입니다.

화트숀 메이는 '상황적 조건'이란 유명한 이론을 남겼습니다. 상황적 조건에 따라 사람은 착해질 수도 있고, 나빠질 수도 있다는 것입니다. 아무리 착한 사람이라도 상황이 나빠지면 나쁜 짓을 하게 되고, 악한 사람이라도 상황이 좋아지면 착하게 된다는 주장입니다.

즉 교육 환경에 따라서 유아들은 착하게도 자라날 수 있다는 이의 말을 따르면 사람이란 선천성보다 후천성의 영향이 크다는 뜻입니다. 그렇다면 이 상황적 조건이란 교육적 환경을 최대한 좋은 환경으로 투자할 필요가 있습니다. 훌륭한 선생님, 교재, 공부하는 환경, 학교주위환경, 가정환경, 교우들의 수준 등이 포함될 것입니다. 여기에 교재 중에서 가장 중요한 책도 중요한 환경의 일익을 담당할 거라 봅니다.

수업과정은 도입단계에서 신나는 노래(동요) 부르기, 수업의 전개에서는 놀이 열기를 통해 서로 이야기 나누고 활동하고 실습을 통해 새로운 창조성과 몰입을 하는 좋은 놀이 활동으로 구성하였습니다.

부디 이 책이 많은 사람에게 애용되는 서적이 되었으면 하는 바람입니다.

현장에서 푸드 선생님과 대화를 강조하여 좋아하는 푸드를 통해 교사와 유아의 유대관계가 친밀하게 됨과, 수업을 끝내고 먹고 나누는 시간까지 기다리는 즐거운 시간이 될 거라는 희망에 차 있습니다.

여러 방법으로 창의성에 대한 연구, 마음 치유에 대한 연구 쪽으로 수업을 한 것이 좋은 성과를 가지고 왔다고 봅니다. 특히 성인교육에도 눈을 돌려 치매예방, 교원연수, 부모교육 등으로도 개척할 과제로 남아 있습니다.

즐겁고 행복한 나의 푸드작품을 생활화하여 각계각층에서 도입을 시도하는 움직임이 일어나기를 기대합니다. 몰입과 예술적 미와 활동에 미를 가지게 하여 작품활동을 할 때마다 조금씩 더 예술적인 경지로 나아가고 있으니 감사할 일입니다. 덤으로 일선 교사들에게 즐거운 생활을 선물한 것도 보람찹니다.

참고 작품

참고 작품

 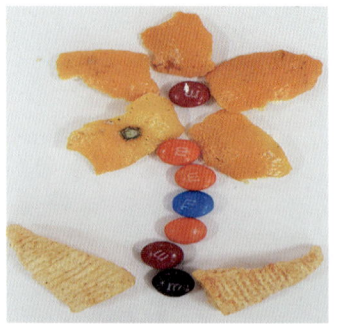 

놀이를 통한 푸드표현예술치료

참고 작품

참고 작품

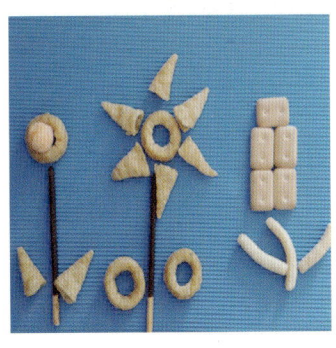

참고 작품

참고 문헌

1. 김민용, 김지유(2011) 푸드표현예술치료의 이해와 실제 '양서원'
2. 김민용, 김지유(2019) 푸드표현예술치료 '창지사'
3. 김지유(2020) 푸드표현예술 공부법
4. 김태두(2020) 천사, 강아지로 나타나다 '도서출판 경남'
5. 김춘일(1999) 창의성 교육, 이론의 실제 '교육과학사'
6. 김진환(2001) 만남의 성장 '학지사'
7. 김총신 외(2004) 내 삶을 바꾼 칭찬 한마디 '21세기 북스'
8. 강신주 외(2013) 인문학 명강 동양고전 '21세기북스'
9. 강대진 외(2014) 인문학 명강 서양고전 '21세기북스'
10. 강문희(1989) 놀이와 아동 '교육과학사'
11. 나탈리로저스(2007) 인간중심표현예술치료 '(주)시그마프레스'
12. 데이비로컨스(2006) 치유와 회복 '판미동'
13. 리디비키·키티왓슨(2006) 마음을 사로잡은 경청의 힘 '아이소'
14. 론다빈(2007) 시크릿 '살림Biz'
15. 마틴 셀리그만(2014) 마틴 셀리그만의 긍정심리학 '물푸레'
16. 마틴 셀리그만(2011) 마틴 셀리그만의 플로리시 '물푸레'
17. 마틴 셀리그만(2020) 긍정심리치료자 매뉴얼 '물푸레'
18. 밥월(2007) 감정코칭리더십 '지평'
19. 박성철(2009) 365 매일 읽는 긍정의 한줄 '책이 있는 풍경'
20. 스티븐 코비(1994) 성공하는 7가지습관 '김영사'
21. 숀·코비(2004) 성공하는 10대들의 7가지 습관 '김영사'
22. 신디 버닌누릭 외(2005) 머리 좋은 아이로 키우는 3분 놀이법 '명진출판사'
23. 이숙재(1990) 유아를 위한 놀이의 이론과 실제 '창지사'
24. 홍경자(2004) 청소년의 인성교육 '학지사'
25. 조주영(2005) 푸드아트 테라피 '한국에니그램 교육연구소'

26. 최선희(2020) 푸드심리상담치료의 이해와 사례 '북랩book'
27. 칼 로리스(2009) 칼로리스 상담의 원리와 실제
28. Problem-Solving외(2008) 문제해결요법 '학지사'
29. Leon J.Saul(1988) 아동기 감정양식 '하나의학사'
30. 걸스카우트 지도자를 위한 자료집(1997) '한국걸스카우트경남연맹'
31. 즐거운 세상(2004) '경남도교육청'
32. 유아를 위한 전통문화 교육활동 지도자료(1998) '교육부'
33. 유아그림책 활용 자료집(2006) '경상남도 창원교육청'
34. 유아과학창의 교육(2008) '교육과학기술부'
35. 김미서(2016). 뇌기반 유아 요리활동 수업모형 설계 – 국제뇌교육 종합대학원대학교 국내석사
36. 김연화(2020). 유아기 부모의 핵심역량과 유아교사의 핵심역량이 유아의 사회적 기술과 내재적·외재적 행동문제에 미치는 영향 – 광주여자대학교 일반대학원 국내박사
37. 박은지(2020) 유아교사의 창의적 자기신념 잠재집단에 따른 창의적 교수행동과 유아 창의성의 차이
38. 신명숙(2012) 전뇌발달에 기초한 교육 프로그램이 유아의 인지능력과 창의성에 미치는 효과 – 배재대학교 국내박사
39. 유자은(2018) 어머니의 상위기분이 유아정서조절능력에 미치는 영향 : 유아의 부정적 정서표현에 관한 어머니의 반응을 매개로 – 한양대학교 교육대학원 국내석사
40. 임지희(2016) 유아의 식습관 개선을 위한 효과적인 방안에 대한 실행연구 – 이화여자대학교 교육대학원 국내석사
41. 장혜림(2020) 어머니의 스마트폰 중독경향성이 유아의 자기조절력과 공감능력에 미치는 영향 – 총신대학교 교육대학원 국내석사
42. 조여울(2015) 미술활동 중심의 STEAM(융합인재) 교육이 유아의 창의적 문제해결력, 자기효능감, 의사소통능력에 미치는 영향 – 건국대학교 대학원 국내석사

놀이를 통한
푸드표현예술치료

박근자 지음

1쇄 찍은날 2021년 3월 8일

지은이 박근자
펴낸이 오하룡

펴낸곳 도서출판 경남
주 소 경남 창원시 마산합포구 몽고정길 2-1
연락처 (055) 245-8818
이메일 gnbook@empas.com
출판등록 제1985-100001호(1985. 5. 6.)
편집팀 오태민 심경애 구도희

ⓒ박근자, 2021

* 잘못된 책은 바꿔 드립니다.
* 저자와 협의 인지 생략합니다.
* 이 책 내용의 전부 또는 일부를 재사용하려면 반드시 저작권자와 도서출판 경남 양측의 동의를 받아야 합니다.
* 출판물 불법 복사, 불법 북스캔은 저작권 위반으로 처벌받을 수 있습니다. 불법 제본으로 처벌될 경우(전과기록됨) 취업 불이익이나 해외유학과 이민 등 비자발급이 거부되는 불이익이 발생할 수 있습니다.

ISBN   979-11-89731-90-8-13180

〔값 24,000원〕